essentials

essentials liefern aktuelles Wissen in konzentrierter Form. Die Essenz dessen, worauf es als „State-of-the-Art" in der gegenwärtigen Fachdiskussion oder in der Praxis ankommt. *essentials* informieren schnell, unkompliziert und verständlich

- als Einführung in ein aktuelles Thema aus Ihrem Fachgebiet
- als Einstieg in ein für Sie noch unbekanntes Themenfeld
- als Einblick, um zum Thema mitreden zu können

Die Bücher in elektronischer und gedruckter Form bringen das Fachwissen von Springerautor*innen kompakt zur Darstellung. Sie sind besonders für die Nutzung als eBook auf Tablet-PCs, eBook-Readern und Smartphones geeignet. *essentials* sind Wissensbausteine aus den Wirtschafts-, Sozial- und Geisteswissenschaften, aus Technik und Naturwissenschaften sowie aus Medizin, Psychologie und Gesundheitsberufen. Von renommierten Autor*innen aller Springer-Verlagsmarken.

Henrik Trenkel

Virtuelle Verkaufsgespräche professionell planen und durchführen

Strategien und Taktiken für die
digitale B2B Vertriebspraxis

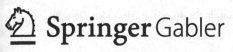

Henrik Trenkel
Pleidelsheim, Deutschland

ISSN 2197-6708 ISSN 2197-6716 (electronic)
essentials
ISBN 978-3-658-43143-3 ISBN 978-3-658-43144-0 (eBook)
https://doi.org/10.1007/978-3-658-43144-0

Die Deutsche Nationalbibliothek verzeichnet diese Publikation in der Deutschen Nationalbibliografie; detaillierte bibliografische Daten sind im Internet über http://dnb.d-nb.de abrufbar.

© Der/die Herausgeber bzw. der/die Autor(en), exklusiv lizenziert an Springer Fachmedien Wiesbaden GmbH, ein Teil von Springer Nature 2023

Das Werk einschließlich aller seiner Teile ist urheberrechtlich geschützt. Jede Verwertung, die nicht ausdrücklich vom Urheberrechtsgesetz zugelassen ist, bedarf der vorherigen Zustimmung des Verlags. Das gilt insbesondere für Vervielfältigungen, Bearbeitungen, Übersetzungen, Mikroverfilmungen und die Einspeicherung und Verarbeitung in elektronischen Systemen.
Die Wiedergabe von allgemein beschreibenden Bezeichnungen, Marken, Unternehmensnamen etc. in diesem Werk bedeutet nicht, dass diese frei durch jedermann benutzt werden dürfen. Die Berechtigung zur Benutzung unterliegt, auch ohne gesonderten Hinweis hierzu, den Regeln des Markenrechts. Die Rechte des jeweiligen Zeicheninhabers sind zu beachten.
Der Verlag, die Autoren und die Herausgeber gehen davon aus, dass die Angaben und Informationen in diesem Werk zum Zeitpunkt der Veröffentlichung vollständig und korrekt sind. Weder der Verlag noch die Autoren oder die Herausgeber übernehmen, ausdrücklich oder implizit, Gewähr für den Inhalt des Werkes, etwaige Fehler oder Äußerungen. Der Verlag bleibt im Hinblick auf geografische Zuordnungen und Gebietsbezeichnungen in veröffentlichten Karten und Institutionsadressen neutral.

Planung/Lektorat: Maximilian David
Springer Gabler ist ein Imprint der eingetragenen Gesellschaft Springer Fachmedien Wiesbaden GmbH und ist ein Teil von Springer Nature.
Die Anschrift der Gesellschaft ist: Abraham-Lincoln-Str. 46, 65189 Wiesbaden, Germany

Das Papier dieses Produkts ist recyclebar.

Was Sie in diesem *essential* finden können

- Praxistaugliche Roadmap als strategische Basis zur Einführung von virtuellen Verkaufsaktivitäten
- Die sechs Erfolgsprinzipien, Kompetenzen und die neue Rolle des Verkäufers als eFacilitator für virtuelles Verkaufen im B2B Geschäft
- Wie Sie virtuell Ihre Kunden begeistern und den Unterschied machen

Erfolg besteht darin, dass man genau die Fähigkeiten hat, die im Moment gefragt sind.

Henry Ford (Zitate.eu, 2023)

Vorwort

Liebe Leserinnen, liebe Leser, wenn ich an den digitalen Vertrieb denke, fällt mir unweigerlich folgender Satz ein: Wer nicht mit der Zeit geht, geht mit der Zeit. Möglicherweise war dieser Satz noch nie treffender und mit einer höheren Dynamik versehen als heute. Im August 2022 erschien im Springer & Gabler Verlag das Buch Topverkäufer – Die Kompetenzen der Besten (Thiemann, Skazel, 2022). Hier wurden retrospektiv die Kompetenzen der Besten Verkäufer untersucht und analysiert, welche Kompetenzen diese gemeinsam haben. Die Kompetenz „digital verkaufen" war nicht dabei. Noch nicht. Ich bin überzeugt, dass das zukünftig eine Kompetenz sein wird, die unverzichtbar ist. Warum? Weil sich die Welt unserer Kunden verändert hat. Nach der Digitization Study von EY aus dem Jahr 2020, schätzen 70 % der befragten Endkunden Online- und Offlineberatung als mindestens gleich gut ein (Mayerhofer, 2021). Und die ersten Befragungsergebnisse zeigen, welche unglaublichen Potenziale im Digitalvertrieb stecken. Was aber sind die Hemmschwellen der Unternehmen bei der Digitalisierung im Vertrieb? Im Vordergrund stehen die Angst vor Fehlinvestitionen, oftmals sehr hohe Sicherheitsansprüche, die Angst vor den falschen Schritten in den Bereichen Datenschutz oder Datensicherheit, gesetzliche Vorgaben und die Berührungsängste mit der Technik. Dabei sind die positiven Auswirkungen nach einer Untersuchung der Ruhr-Universität Bochum enorm. Demnach waren Vertriebler 2019 zwölf Stunden die Woche unterwegs, wonach nur 35 % effektiv genutzt worden sind. Digital beratende Salesmanager waren durch die geänderte digitale Arbeitsweise deutlich effizienter – um die Arbeitszeit von insgesamt 50 Tagen (Hohmann, 2021). Das beweist: Digitaler Vertrieb spart Ressourcen. Durch digitalen Vertrieb konnte bei einem Vertrieb mit etwa 100 Mitarbeiter:innen im Außendienst rund 97,2 Tonnen CO_2 eingespart werden. Die Face-to-Face

Gespräche von Vertriebler:innen verkürzten sich von 70 min in 2019 auf 40 min. in 2020.

In digitalen Verkaufsstrukturen steckt also ein unglaubliches Potenzial und alle Unternehmen sollten ihre Vertriebsstrukturen überprüfen. In der Praxis zeigt sich allerdings, dass viele Vertriebler in ihrer Komfortzone verharren oder schlichtweg Angst vor der Veränderung haben. Das ist sehr schade, denn digitales Verkaufen ist eine Methodenkompetenz, also eine Fertigkeit, in der es darum geht, digitale Verkaufsprozesse erfolgreich zu gestalten.

Für eine kompetente Digitalberatung sind folgende fünf Verhaltensanker entscheidend:

1. Spannende Interaktion mit dem Kunden.
2. Einsatz von visuellen Hilfen, wie Bilder und Videos.
3. Eine abwechslungsreichere Kommunikation mit besseren Sprachmustern und kurzen Pausen machen. Mögliche Hürden beim Kunden beseitigen. Hier gilt es methodisch potenzielle technische Probleme am Anfang des Verkaufsgesprächs zu klären.
4. Der professionelle Umgang mit der Kamera, um den Blickkontakt zum Kunden intensiv nutzen zu können.

im März 2023   Dirk Thiemann
                                       Geschäftsführender Gesellschafter
                                              Deutsches Institut für
                                               Vertriebskompetenz
                                             Allensbach am Bodensee

Inhaltsverzeichnis

Einleitung: Unterschiede persönlicher und virtueller Verkauf

1

Die Rolle und die Verkaufswelt des B2B-Vertriebs hat sich radikal verändert. Fanden früher Verkaufsgespräche traditionell zu einem Großteil Face-to-Face statt, also im persönlichen Kontakt, kam es während der Pandemie zu einer Verlagerung auf den virtuellen bzw. hybriden Verkauf. Die Unterschiede zwischen dem persönlichen und dem virtuellen Verkauf sind beträchtlich und Vertriebsprofis benötigen weitere Fähigkeiten und Kompetenzen, um in einer hybriden Verkaufsumgebung erfolgreich zu sein. Was macht den persönlichen Verkauf so wertvoll und worin liegen die Unterschiede und Herausforderungen zu einem virtuellen Verkaufsgespräch? Virtuelles Verkaufen ist eine signifikant andere Sinneserfahrung als ein persönliches Verkaufsgespräch. Über seine Sinnesorgane nimmt der Mensch Informationen auf und erlebt seine Umgebung. Das Akronym VAKOG beschreibt die fünf Sinneskanäle aus Sicht des neurolinguistischen Programmierens (NLP), ein Forschungsfeld der Verhaltens- und Kognitionswissenschaften (Dannemeyer, 2016, Einführung).

▶ **Definition**

V =   Visuell (Sehen)
A =   Auditiv (Hören)
K =   Kinästhetisch (Fühlen)
O =   Olfaktorisch (Riechen)
G =   Gustatorisch (Schmecken)

Was hat das mit dem virtuellen Verkaufen zu tun? Ganz einfach, das Verkaufsgespräch vor Ort findet in einem physischen Raum statt, in dem alle Sinneskanäle

© Der/die Autor(en), exklusiv lizenziert an Springer Fachmedien Wiesbaden GmbH, ein Teil von Springer Nature 2023
H. Trenkel, *Virtuelle Verkaufsgespräche professionell planen und durchführen*, essentials, https://doi.org/10.1007/978-3-658-43144-0_1

im Einsatz sind und eine bestmögliche und multidimensionale gegenseitige Wahrnehmung von Verkäufer und Kunde ermöglichen. Im virtuellen Kontext befinden wir uns in einem zweidimensionalen Verkaufsraum und können nur eingeschränkt die Dimensionen Sehen und Hören wahrnehmen. Aus diesen Gründen ist im virtuellen Verkaufsraum das Bild, der Ton und die professionelle Inszenierung eines emotionalen Einkaufserlebnis von zentraler Bedeutung. Mit dem Ziel, die volle Aufmerksamkeit des Kunden während des virtuellen Verkaufsprozesses sicherzustellen, dessen Vertrauen zu gewinnen und den Verkauf oder den nächsten konkreten Schritt im Verkaufsprozess einzuleiten. In Abb. 1.1, die aus meiner Sicht größten Unterschiede eines Präsenztermins zu einem virtuellen Kundengespräch, bezogen auf die Wahrnehmung und in der Grafik (Abb. 1.2) bezogen auf den Verkaufsprozess.

Jetzt gilt es, die Erfolgsfaktoren eines persönlichen Gespräches auf die virtuelle Vertriebspraxis zu adaptieren.

WAHRNEHMUNG	PRÄSENZTERMIN	VIRTUELLES KUNDENGESPRÄCH
VISUELL	• Multidimensionale Wahrnehmung: nonverbale Signale, Mimik, Gestik • Geringe Ablenkungsgefahr durch Multitasking	• Eingeschränkte Wahrnehmung des Gegenübers • Gefahr nonverbaler Missverständnisse • Großer Einfluss durch Beleuchtung und Videoqualität • Gefahr der Ablenkung durch Multitasking, insbesondere bei abgeschalteter Kamera
AUDITIV	• Einwandfreie Verständigung jederzeit möglich • Beiträge von Teilnehmenden können sehr gut moderiert werden • Kein versehentliches Stummschalten oder nicht funktionierende Mikrofone	• Sie können sich nur dann hören, wenn beide Seiten die Mikrofonfunktion einschalten, die Verbindungsqualität stimmt und die Technik funktioniert • Die Kommunikation kann durch unerwünschte Geräusche massiv gestört werden
KINÄSTHETISCH	• Die persönliche Begrüßung mit Handschlag und der erste Eindruck beim Kennenlernen schaffen Verbindlichkeit • Firmenrundgang fördert Vertrauen vermittelt die Unternehmenskultur	• Aufbau einer tragfähigen Beziehung muss sorgfältig geplant werden • Gedanken und Emotionen des Kunden wahrnehmen, richtig interpretieren und positiv beeinflussen erfordert Technik und Erfahrung
OLFAKTORISCH GUSTATORISCH	• Geschmacks- und Geruchssinn werden angesprochen • Möglichkeit zur Einladung zum Geschäftsessen, um Geschäftskontakt auszubauen und neue Vertriebschancen zu generieren	• Beim hybriden Verkaufsansatz besteht die Möglichkeit, das Geschäftsessen mit in die Verkaufsstrategie einzubauen • Versand eines Überraschungspakets vor dem virtueller Meeting mit Infomaterial und Süßigkeiten als Möglichkeit, positiv Einfluss zu nehmen

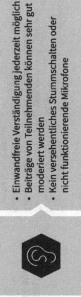

Abb. 1.1 Unterschiede Wahrnehmung Präsenztermin vs. virtuelles Kundengespräch

SPEZIFISCHE BEREICHE	PRÄSENZTERMIN	VIRTUELLES KUNDENGESPRÄCH
FACILITATE VERKAUFSGESPRÄCH	• Kundenbegeisterung durch optimale Vorbereitung • Hohe Flexibilität im Ablauf • Nonverbale Signale des Kunden können direkt entschlüsselt und im Verkaufsgespräch gewinnbringend eingesetzt werden	• Erfolg durch optimale Vorbereitung und Beherrschung der Videokonferenz-Software • Nonverbale Signale sind schwer zu erkennen und zu entschlüsseln und bergen die Gefahr von Missverständnissen und verpassten Chancen
RAPPORT UND BEZIEHUNGSAUFBAU	• Der Aufbau einer Kundenbeziehung ist im persönlichen Gespräch wesentlich einfacher als im virtuellen Kontext • Die Überleitung von der Rapportphase zum eigentlichen Grund des Verkaufsgespräches dauert in der Regel länger als in virtuellen Gesprächen	• Gespräch kommt viel schneller zum Punkt • Wesentlich strukturierter und mechanischer als persönliche Gespräche • Gesprächseinstieg zumeist direkt und kalt, ohne den Aufbau von Rapport
BEDARFSERMITTLUNG	• Wenn die Bedarfsermittlung professionell durchgeführt wird, ist diese sehr strukturiert und zielführend • Es fällt weniger auf, wenn Teile des Prozesses fehlen oder vergessen wurden	• Der Prozess zur Bedarfsermittlung muss optimal geplant und durchgeführt werden • Virtuelle Tools fördern die Aufmerksamkeit des Kunden und beziehen ihn aktiv in die Bedarfsanalyse ein
PRÄSENTATION DER LÖSUNG	• Viele Möglichkeiten, die Präsentation Ihrer Lösung sehr flexibel und interaktiv zu gestalten • Vor Ort können Sie auf Projektor, Leinwand, Flipcharts, Videos, Broschüren, Referenzen etc. zurückgreifen • Raum und Gesprächspartner werden mit allen fünf Sinnen wahrgenommen	• Ihre Lösung professionell zu präsentieren, erfordert optimale Planung und Organisation • Während der Präsentation der Lösung ist es schwer, gleichzeitig die Reaktionen und nonverbalen Signale Ihrer Kunden wahrzunehmen und richtig zu lesen
DEMOS UND VORFÜHRUNGEN	• Möglichkeit, Produkt oder Service live vorzuführen • „Hands-on" für den Kunden mit haptischer Erfahrung	• Die Produktdemo im virtuellen Raum funktioniert mit hochwertiger Videotechnik sehr gut • „Hands-on"-Erfahrung des Kunden fehlt vollständig
ARBEITSUMFELD	• Im Besprechungsraum Ihrer Kunden ist meist alles optimal vorbereitet, um das Verkaufsgespräch konzentriert zu führen • Materialien und Technik zum Visualisieren sind vorhanden • Eine produktive Zusammenarbeit ist sichergestellt	• Die technische Ausstattung für virtuelle Verkaufsgespräche ist erfolgsentscheidend • Unerwünschte Störungen während eines virtuellen Verkaufsgespräches können zu Ablenkungen führen

Roadmap virtuelles Verkaufen im B2B

2

Virtuelles Verkaufen erfordert im Vergleich zum persönlichen Verkaufen in sechs Kompetenzbereichen eine umfangreiche Strategie, klare Zielsetzung, professionelle Planung, kundenorientierte Methodiken und eine viel höhere Eigeninitiative als das im persönlichen Verkaufsgespräch der Fall ist. Die Roadmap (Abb. 2.1) beinhaltet die sechs Erfolgsprinzipien bzw. Kompetenzen und im Zentrum die neue Rolle des Verkäufers als eFacilitator für virtuelles Verkaufen im B2B-Kontext. Diese Kompetenzen und die im Laufe dieses essentials vorgestellten Verhaltensanker sollten unabhängig von der Zielgruppe eingehalten werden, um ein für beide Seiten erfolgreiches Verkaufsgespräch im virtuellen Verkaufsraum z. B. bei der Neukundenakquise, im Bestandskundengeschäft oder bei mehrstufigen Verkaufsprozessen zu führen. Werden ein oder mehrere der Erfolgsprinzipien außer Acht gelassen, kann dies zum Auftrags- bzw. Kundenverlust führen. Abb. 2.1 zeigt die sechs Erfolgsprinzipien und die neue Rolle des Verkäufers auf einen Blick.

Ich möchte Sie gerne einladen gemeinsam mit mir Schritt für Schritt die einzelnen Erfolgsprinzipien, welche den größten Unterschied zu einem persönlichen Verkaufsgespräch darstellen, kennenzulernen.

2.1 Die neue Rolle des Verkäufers in der virtuellen Welt

Im Zentrum der Roadmap steht die neue Rolle des Verkäufers als „eFacilitator". Der Begriff „Facilitation" bedeutet Erleichterung und Ermöglichung – der eFacilitator ist demnach ein Verkäufer, der in der virtuellen Vertriebspraxis den Dialog in Einzel-bzw. Gruppengesprächen steuert, (an)leitet, strukturiert, Orientierung gibt,

H. Trenkel, *Virtuelle Verkaufsgespräche professionell planen und durchführen*, essentials, https://doi.org/10.1007/978-3-658-43144-0_2

Abb. 2.1 Roadmap virtuelles Verkaufen im B2B Vertrieb

Entscheidungsprozesse partizipativ gestaltet und die Führung im Verkaufsprozess übernimmt. Dabei soll der Kunde von Anfang an aktiv in die Bedarfsanalyse mit einbezogen werden (Co-Creation). Der Verkäufer gestaltet aktiv den Verkaufsprozess und sorgt damit für Aufmerksamkeit, Motivation und den „Flow" (Josef W. Seifert, 2018). Extreme Verkaufsszenarien wie etwa Verkäufer, die unvorbereitet zu einem Verkaufsgespräch erscheinen, einen Gesprächsanteil von über 80 % haben, dem Kunden nicht zuhören und aufgrund der langjährigen Fachexpertise dennoch gute Umsätze und Margen erzielen, wird es zukünftig im digitalen Verkaufsraum nicht mehr geben. Produkte und Dienstleistungen werden immer ähnlicher und vergleichbarer, und nur wer sich von der Masse abhebt wird Kunden für sich gewinnen und ausbauen können – und eine professionelle Prozess- und Dialogsteuerung, kann genau diesen Unterschied machen.

> In order to be irreplaceable (you) one must always be different!
>
> Coco Chanel (englischezitate.de)

2.1.1 Vorbereitung und Planung eines virtuellen Verkaufsgespräches

Ganz gleich ob in einem persönlichen Verkaufsgespräch oder in Ihrer neuen Rolle als eFacilitator: die optimale Vorbereitung auf ein Kundengespräch – egal ob Erst- oder Folgegespräch, ist von zentraler Bedeutung. Leider wird das nicht immer beherzigt, und vielleicht kommt Ihnen der nachfolgende Dialog aus virtuellen Konferenzen bekannt vor.

Kunde:	Hallo, können Sie mich hören?
Verkäufer:	Nein, leider noch nicht. Sie müssen auf den Button mit dem Mikrofon drücken. Dann kann ich Sie hören.
Kunde:	Okay. Entschuldigung, dass ich ein paar Minuten zu spät bin. Sind denn alle schon da?
Verkäufer:	Die meisten sind anwesend, allerdings fehlt Herr Mayer noch. Weiß jemand von Ihnen, ob er noch kommt?

In einem Onlinemeeting geht es zu Beginn oft etwas unkoordiniert zu. Noch dazu ist der Onlinekontakt im Vergleich zum physischen Treffen viel sensibler und kann schnell in einem Desaster enden. Beginnen Sie daher mit der sorgfältigen Auswahl eines für Sie und Ihren Kunden geeigneten Videokonferenzsystems. Für den Fall, dass Ihre Kunden bereits mit einem im Unternehmen etablierten System arbeiten, dann verwenden Sie bitte dieses, sodass sich Ihre Kunden von Anfang an sicher und wohl in der Videokonferenz fühlen. Das heißt für Sie im Umkehrschluss, wenn Sie das System nicht kennen, sollten Sie sich im Voraus intensiv mit der Handhabung des Tools beschäftigen, bevor Sie ein wichtiges Verkaufsgespräch damit planen und durchführen. Da die Aufmerksamkeitsspanne Ihrer Kunden im virtuellen Verkaufskontext zeitlich begrenzt ist, steht Ihnen im Vergleich zu einem Präsenztermin ein wesentlich geringerer Zeitraum zur Verfügung, um am Ende das gleiche Ziel zu erreichen. Daher benötigen Sie einen genauen Plan und eine perfekte Struktur wie Sie Ihr Ziel erreichen. Eine Agenda mit den passenden Timeboxen hilft Ihnen und Ihren Kunden fokussiert an den Verkaufsthemen zu arbeiten. Während Ihnen im Besprechungszimmer Ihrer Kunden möglicherweise verschiedene Moderationsmaterialien wie etwa Flip Chart, Beamer, Metaplanwand, Blöcke und Moderationskoffer zur Interaktion und gemeinsamen Erarbeitung der Aufgabenstellungen zur Verfügung stehen, müssen Sie den Einsatz eines digitalen Tools im Onlinegespräch im Voraus exakt planen, um am Ende bei Ihren Kunden einen professionellen Eindruck zu hinterlassen.

Als eFacilitator geben Sie zudem die Struktur vor, aktivieren Ihre Kunden im Verkaufsprozess und sorgen als Timekeeper für die Einhaltung der geplanten Timeboxen. In **Fehler! Verweisquelle konnte nicht gefunden werden.** sind die soeben beschriebenen Aspekte zur Vorbereitung und Planung eines virtuellen Verkaufsgespräches zusammengefasst.

Grobkonzept eFACILITATION eines erfolgreichen virtuellen B2B Verkaufsgesprächs

01 PLAN TO WIN

* Klarheit über den Anlass, Strategie, Zielsetzung und technische Voraussetzungen des Verkaufsgespräches
* Wer nimmt an dem Meeting seitens des Kunden (Buying Center) und Ihrer Vertriebsorganisation teil?
* Konzeption eines effektiven Meeting Designs auf Basis Ihrer Strategie, Zielsetzung und dem Teilnehmerkreis
* Erstellung und Vorbereitung des Settings, Tools, Präsentationen, Videofilme, Agenda, Einladungsschreiben…

02 CHECK-IN & CONNECT

* 10–15 min vor dem offiziellen Beginn des Verkaufsgespräches Raum für Technik-Check und Small-Talk anbieten
* Offizielle Begrüßung, kurze Vorstellungsrunde und ggf. je nach digitalem Reifegrad Verhaltensregeln vorstellen
* Anlass, Nutzen und Ziele des Verkaufsgespräches kommunizieren – Abfrage Videoaufzeichnung J/N
* Vorstellung und Zustimmung für die zuvor versendete Agenda beim Kunden einholen

03 VERKAUFSGESPRÄCH & BEDARFSANALYSE

* Aufgrund der geringen Aufmerksamkeitsspanne in virtuellen Verkaufsgesprächen von maximal 10 min, ist es sehr wichtig die einzelnen Phasen Ihres Verkaufsgespräches in einzelne Blöcke aufzuteilen (MIIC-Zyklus). Nach jedem Block prüfen Sie bitte das gemeinsame Verständnis mit der Methode „aktives Zuhören"

- Aufmerksamkeit durch eine abwechslungsreiche Interaktion, Präsentation, Inhalte und Medien sicherstellen

04 PRÄSENTATION DER LÖSUNG & COMMITMENT

- Die Präsentation Ihrer Lösung auf Basis der Bedarfsanalyse (Kernaussagen) professionell mit einer Merkmale, Vorteile, Nutzenargumentation aufbauen und mit kognitiven Abschlüssen unterstützen
- Die einzelnen Bestandteile Ihrer Lösung gerne durch die Nutzung verschiedener Medien interaktiv, interessant und bildhaft vorstellen und somit den Verkaufsabschluss oder nächste konkrete Aktivitäten vereinbaren

05 CHECK-OUT & FEEDBACK

- Zusammenfassung
- Wurde die Zielsetzung des Gespräches erreicht?
- Offene Fragen klären und offene Themen terminieren
- Um ein Feedback bitten: Wie war das Gespräch für Sie? Gibt es Entwicklungsfelder?

06 FOLLOW-UP

- Nachbereitung der Ergebnisse und Aufgaben aus dem virtuellen Verkaufsgespräch
- Materialien teilen wie z. B. Aufzeichnungen, Memos und Mitschriften
- Dem Kunden eine schriftliche Zusammenfassung des Gespräches zukommen lassen. Ggf. auch als Videomitschnitt oder hybrid als schriftliche Zusammenfassung unterstützt von einer Videobotschaft◄

2.1.2 Einladung zum virtuellen Verkaufsgespräch

Kunden mögen keine Überraschungen und haben oft ein knappes Zeitbudget. Folgen Sie also einer effizienten Struktur, um den bestmöglichen Nutzen sicherzustellen. Dazu gehört es, die Einladung per Outlook-Kalender oder auf Basis der verschiedenen Videokonferenz-Plattformen zeitnah an die Teilnehmenden des Meetings, inklusive einem Vorschlag der Agenda zu versenden.

So haben alle Personen die Möglichkeit, sich auf das Meeting optimal vorzubere-
iten und ggf. die Agenda vor dem Meeting noch anzupassen.

Nachfolgend finden Sie ein Musterbeispiel für die E-Mail-Einladung zu einem
virtuellen Zweitgespräch, bei dem es um die Vorstellung und Abstimmung eines
Personalentwicklungsprojektes im B2B-Vertrieb geht.

Zoom Meeting Einladung – Vorstellung strategisches Personalentwick-lungsprojekt B2B Sales

Sehr geehrte Damen und Herren,

wie bei unserem letzten Live Online Meeting vereinbart, erhalten Sie heute
meine Einladung zu unserer Videokonferenz über Zoom am 30.08.2023 von
09:30 Uhr bis 10:30 Uhr.

Den Link der Sie direkt zu unserem virtuellen Besprechungsraum führt,
finden Sie nachfolgend.

https://us06web.zoom.us/xxxxxxxxxxxxxxxxx

Falls Sie während des Meetings eine schlechte Tonübertragung feststellen,
können Sie sich jederzeit über nachfolgende Telefonnummer einwählen. Bitte
halten Sie hierfür Ihre Sitzungs ID und das Sitzungspasswort bereit.

Deutschland: + 49 69 7104 9922

Meeting (Sitzung) ID: **xxx xxxx xxxx**

Kenncode (Sitzungspasswort): **xxxxxx**

Zusätzlich erhalten Sie für Ihre Terminplanung einen Kalendereintrag in
Outlook mit den identischen Einwahldaten.

Darüber hinaus finden Sie in der Anlage meinen Vorschlag für die Agenda
inklusive einer Teilnehmerliste. Wenn die Agenda Ihren Erwartungen an unser
Meeting entspricht, freuen wir uns über eine Bestätigung. Sollten Sie hierzu
Fragen oder Ergänzungen haben, stehe ich Ihnen sehr gerne zur Verfügung.

Quickstart zum virtuellen Meetingraum

1. Klicken Sie auf den obigen Link, der Sie dann direkt in unseren virtuellen
   Meetingraum führt
2. Für den Fall, dass der Link nicht funktioniert, kopieren Sie diesen und
   fügen ihn direkt in Ihrem Browser ein
3. Gerne können Sie sich unter dem folgenden Link ein Kurzvideo „Einem
   Meeting beitreten" anschauen: https://www.youtube.com/watch?v=-xgI-
   UofA90
4. Für den Fall der Fälle, das nichts von all dem funktioniert, rufen Sie mich
   gerne unter folgender Mobilfunknummer an: + 49 172 XXX XXX X

Falls Sie die Funktionen von Zoom gerne vor dem Meeting testen möchten, stehe ich Ihnen bereits ab 09:15 Uhr in unserem Meetingraum zur Verfügung.

Wir freuen uns, wenn Sie während des Meetings Ihre Kamera und Ihr Mikrofon aktivieren und wir uns alle im Raum sehen und hören können.

Für Fragen stehe ich Ihnen sehr gerne zur Verfügung.

Viele Grüße und bis bald!

Ihr

Max Mustermann◄

2.2 Beziehungsaufbau im virtuellen Verkaufsgespräch

Vertrauen ist und bleibt die wichtigste Währung im B2B-Geschäft. Menschen kaufen bei Menschen, zu denen sie Vertrauen haben. Somit ist das gegenseitige Vertrauen eine wichtige Grundlage für erfolgreiche virtuelle Vertriebsarbeit und damit elementar für den Beziehungsaufbau und den Verkaufserfolg. Die Entstehung von Vertrauen und dem daraus folgenden Beziehungsaufbau ist hochkomplex und folgt keinen linear-kausalen Gesetzen (Kunze, 2022). Die Vertrauensforschung zeigt, dass Vertrauen auf drei Säulen basiert: Wohlwollen, Integrität und Kompetenz. In dem Wort Wohlwollen steckt bereits die Antwort „Will der andere mir wohl?" Meint der Verkäufer es wirklich gut mit mir? Hat er ein wirkliches Interesse an meinem Erfolg? Wohlwollen wird zum größten Teil über die unbewusste Wahrnehmung von nonverbalen Zeichen signalisiert.

An der Integritätsprüfung sind hingegen viel mehr bewusste Verarbeitungsprozesse beteiligt. Hier werden aus der Vergangenheit Erfahrungen mit dem Verkäufer oder dem Unternehmen und sein Verhalten in der Gegenwart berücksichtigt. Kunden stellen sich dann möglicherweise folgende Fragen: Sind die Einkaufskonditionen fair? Werden Projekte zuverlässig bearbeitet?

Die Kompetenz des Verkäufers wird dagegen bewusst vom Kunden geprüft. Typische Fragen der Kunden sind: Wird eine professionelle Bedarfsanalyse durchgeführt? Habe ich es mit Experten auf dem Gebiet zu tun? Gibt es einen erkennbaren Mehrwert für unser Unternehmen? (Häusel, 2015).

Lassen Sie uns nun einen konkreten Blick darauf werfen, wie Sie im virtuellen Verkaufsgespräch Vertrauen, Rapport, Glaubwürdigkeit, Sympathie und Autorität kultivieren und dadurch nachhaltige Kundenbeziehungen aufbauen.

2.3 Einfluss der Körpersprache auf den Beziehungsaufbau

Sobald Sie in einem virtuellen Verkaufsgespräch für Ihre Kunden auf dem Bildschirm sichtbar werden, senden Sie Ihrem Gegenüber Signale, bewusst oder unbewusst. Selbst wenn Sie schweigen, Ihr Körper hat seine eigene Sprache.

> „Jede innere Bewegung, Gefühle, Emotionen, Wünsche drücken sich durch unseren Körper aus."
>
> Samy Molcho (Possel, 2023)

Paul Watzlawick, ein österreichischer Philosoph, Psychotherapeut und Kommunikationswissenschaftler beschreibt in seinem Buch „Menschliche Kommunikation" fünf grundlegende Axiome, also als wahr angenommenen Grundsätze. Einer der fünf Grundsätze lautet: „Man kann nicht nicht kommunizieren" (Watzlawick, 2011). So können wir auch unsere Körpersprache nicht einfach abschalten. Daher gibt es fünf Komponenten der Körpersprache, die Sie bei einem virtuellen Verkaufsgespräch proaktiv steuern sollten bzw. codieren und diese mit vertrauensbildenden Hinweisen versehen müssen, um als vertrauenswürdiger Gesprächspartner wahrgenommen zu werden. Die fünf Elemente sind die Mimik, Gestik, Körperhaltung, Stimme, und der Blickkontakt. Zusammengenommen verraten unserem Gegenüber sehr viel darüber, was wir tatsächlich denken oder fühlen. Wenn Sie also in einem virtuellen Verkaufsgespräch nicht gut oder gar nicht sichtbar sind, und Ihr Kunde Ihre Körpersprache nicht entschlüsseln kann, wird er Sie als nicht vertrauenswürdig einstufen und Ihre Beweggründe hinterfragen. Wie wichtig die nonverbale Kommunikation im virtuellen Verkaufsgespräch, in Bezug auf die Kompetenz vertrauensvolle Beziehungen aufzubauen ist, untermauern auch die Studienergebnisse des US-amerikanischer Psychologen Albert Mehrabian. Gemäß der bekannten 7-38-55-Regel wird die positive oder negative Wirkung (inkongruenter Ausdruck in Wort und Stimme) einer Mitteilung über das eigene emotionale Empfinden, die in Bezug auf die Komponenten Inhalt, stimmlicher oder mimischer Ausdruck widersprüchlich ist, zu 7 % durch den sprachlichen Inhalt, zu 38 % durch den stimmlichen Ausdruck und zu 55 % durch die Körpersprache bestimmt (Wikipedia, Albert Mehrabian, 2023). Nur wenn Sie im virtuellen Verkaufsgespräch Ihre verbalen Aussagen mit Ihrer nonverbalen Körpersprache in Übereinstimmung bringen (codieren), erkennt Ihr Kunde die ganze Botschaft und Sie wirken auf ihn absolut vertrauenswürdig (Eilert, 2021).

2.4 Mit der richtigen Körperhaltung Selbstvertrauen ausstrahlen

Welche Wirkung Sie auf Ihre Kunden im virtuellen Verkaufsgespräch haben, hängt zu großen Teilen auch von Ihrer Körperhaltung ab. Mit einer offenen Körperhaltung signalisieren wir unserem virtuellen Gesprächspartner einen entsprechenden positiven, authentischen, vertrauenserweckenden Eindruck. Mit der richtigen Körperhaltung und wie Sie sich im Bildausschnitt Ihrer Webcam, dem „visuellen Rahmenwerk", positionieren (siehe Abschn. 6.2, Abb. 6.2), strahlen Sie Selbstbewusstsein und Kompetenz aus. Ich persönlich führe alle meine virtuellen Verkaufsgespräche, Trainings, Coachings und Beratungsleistungen im Stehen aus. Das hat viele Vorteile gegenüber der sitzenden Haltung. Stehen wir auf, dann strafft sich unser Körper. Das Blut kann besser zirkulieren, die Atmung wird tiefer, der Resonanzkörper für unsere Stimme vergrößert sich. Wir machen dadurch unseren Standpunkt sichtbar. Durch die aufrechte, dem Teilnehmer zugewandte Haltung erzielen Sie einen souveränen und bleibenden Eindruck bei Ihren Kunden. Darüber hinaus können Ihre Kunden Sie bis zur Gürtellinie sehen und somit auch Ihre Gesten optimal lesen. Das fördert auf jeden Fall die unbewusste Vertrauensbildung bei Ihren Kunden. Wenn Sie sich während Sie sprechen, langsam bewegen und den Blick in die Kamera halten, strahlen Sie Ruhe und Souveränität aus. Unterstreichen Sie Ihre Aussagen mit entsprechenden Gesten und durch eine lebendige Körpersprache, so halten Sie die Aufmerksamkeit Ihrer Kunden auf einem hohen Level. Wenn Sie dagegen Ihr virtuelles Verkaufsgespräch auf dem Bürostuhl führen, wird auch Ihr Denken, Ihr Ausdruck, Ihre Wirkung und schlussendlich Ihr ganzes Verkaufsgespräch träge. Die sitzende Position ist wie eine emotionale Bremse, die den Erfolg Ihres Gespräches negativ beeinträchtigt. Stehen Sie also nach Möglichkeit auf und nutzen Sie die Möglichkeit, Ihre Kunden mit einer authentischen und lebhaften Körpersprache zu überzeugen! (Redaktion Redenwelt, 2023).

2.5 Beziehungsaufbau durch Pacing und Leading

Zu Beginn dieses Kapitels möchte ich Ihnen gerne zwei Beispiele aus meiner Vertriebspraxis vorstellen, die aufzeigen, wie Verkäufer auf ganz unterschiedliche Weise Kontakt zu Ihren Kunden haben:

Beispiel

Verkäufer und Kunde sitzen am Besprechungstisch über Eck, die Köpfe seitlich leicht geneigt. Die Arme liegen einander zugewandt geöffnet auf dem Tisch. Der Kunde beginnt zu lachen und ändert dabei seine Körperhaltung ein wenig. Wie von Zauberhand lächelt auch der Verkäufer und ändert ebenfalls nach einigen Sekunden seine Körperhaltung. Dann beugt sich der Verkäufer nach vorne und deutet mit seiner Hand auf seine Verkaufsunterlagen. In dem Moment beugt sich auch der Kunde interessiert nach vorne, um in die Verkaufsunterlagen des Verkäufers Einblick zu haben. Es scheint so, als spiegele der Kunde den Verkäufer und umgekehrt ebenfalls. Wenn Sie gedanklich jetzt noch etwas näher an diese Situation heranzoomen würden, dann könnten Sie wahrscheinlich wahrnehmen, dass die beiden ähnliche Worte benutzen, im selben Tempo und derselben Tonhöhe sprechen, eventuell sogar im gleichen Tempo atmen.

Würden Sie ein kontroverses Thema diskutieren, wären beide Seiten vermutlich stark daran interessiert, die Gedanken des Gegenübers zu verstehen und nicht recht zu behalten.

Der Verkäufer sitzt am Besprechungstisch exakt gegenüber dem Kunden. Der Kunde sitzt zurückgeneigt auf seinem Stuhl und hält seine Arme verschränkt vor seinem Oberkörper, während der Verkäufer versucht, in die Bedarfsanalyse einzusteigen. Plötzlich schaut der Kunde auf die Uhr, sortiert seine Unterlagen und wirkt nervös.◄

Was ist der Unterschied in diesen beiden Gesprächssituationen? In der ersten Verkaufssituation ist der sogenannte Rapport vorhanden, in dem zweiten Verkaufsgespräch nicht. Das Wort Rapport hat viele Bedeutungen und Übersetzungen. Hier sind Wechselbeziehungen, ein harmonisches Verhältnis und Verbindung gemeint, wie die Bedeutung des Wortes im englischen Sprachgebrauch verdeutlicht: Der englische Satz „To built rapport with somebody" bedeutet „Eine Beziehung zu jemandem aufbauen".

Die Grundmethode zum Aufbau von Rapport ist das „Spiegeln" des Gegenübers, auf Englisch „Pacing". Das Spiegeln fördert die Entstehung von Vertrauen auf unbewusster Ebene. Dabei ist es nicht ausschlaggebend, ob dies völlig unbewusst geschieht oder durch bewusstes Spiegeln. Wie können Sie nun im virtuellen Verkaufsgespräch eine Beziehung durch Spiegeln (Pacing) und Führen (Leading) aufbauen? Das Spiegeln und Führen ist eine Prozessabfolge. Im ersten Schritt bauen Sie die Beziehung zum Kunden auf (Pacing). Das gelingt Ihnen nonverbal durch das Spiegeln der Körperhaltung, der Bewegungen, der Gestik, der Mimik und verbal durch das Spiegeln des Sprachverhaltens, der Tonart, der Sprachgeschwindigkeit oder durch das Spiegeln der Werte und Überzeugungen. Dadurch passen Sie sich dem Verhalten Ihres Gegenübers an und betreten seine Welt. So entstehen ein unbewusster, zuverlässiger Kontakt und eine stabile und positive Beziehung. Im zweiten Schritt überprüfen Sie die Wirksamkeit des Spiegelns, indem Sie die (Gesprächs-)Führung übernehmen (Leading). Das kann im virtuellen Gespräch etwa die Überleitung zur Vorstellung der Agenda sein. Wenn Ihr Kunde bereit ist Ihnen zu folgen, wird er Ihnen sein nonverbales „Ja" zu lesen geben. Da die Methode sehr wirksam ist, sollte die Anwendung von „Pacing" und „Leading" aus meiner Sicht nur in bester Absicht und einer ethischen Grundhaltung, welche das Interesse des Kunden in den Mittelpunkt stellt, eingesetzt werden. (Dannemeyer, 2016).

2.6   Mimik – Wie Sie sehen was andere fühlen

Bereits im Säuglingsalter können Menschen Gesichtsausdrücke deuten. Die Mimik des Gegenübers verrät viel über dessen Gefühlszustand und ist aus diesem Grund ein bedeutsamer Teil menschlicher Kommunikation und Interaktion (Krämer, 2021). Paul Ekman, US-amerikanischer Anthropologe und Psychologe, identifizierte sieben dieser Basisemotionen, die nach seinen Forschungsergebnissen kulturübergreifend auftreten (Globale Mimik): Freude, Überraschung, Angst, Wut, Ekel, Trauer und Verachtung. Empfinden wir zum Beispiel Angst, sind die Augenbrauen hochgezogen, die Augen aufgerissen und die Nasenflügel geweitet. Spüren wir Ekel, verzieht sich die Oberlippe asymmetrisch, die Nase ist gekräuselt, die Augen werden schmaler. Durch die Mimik zeigt Ihnen Ihr Kunde unbewusst, was er fühlt, welche Ursache dieses Gefühl möglicherweise hat, und was er vermutlich als nächstes tun wird (Eckermann, 2021). Hinter jeder Emotion steckt ein Bedürfnis. Das ist die Grundlage der gewaltfreien Kommunikation nach Marschall B. Rosenberg (2013).

Das Ziel bei der Interaktion mit Ihren Kunden sollte es sein, deren Bedürfnisse herauszufinden und darauf einzugehen, um Beziehungen professionell zu vertiefen und ein gemeinsames Verständnis und Verbindlichkeit zu schaffen. Im virtuellen Verkaufsgespräch ist das erschwert, da es schwieriger ist, die Gesichtsausdrücke Ihres Kunden zuverlässig zu erkennen und zu deuten. Noch schwieriger wird es, wenn Sie während der Interaktion mit dem Kunden in die Kamera schauen, um eine emotionale Verbindung zu Ihrem Kunden herzustellen und zu halten. In diesem Moment gerät allerdings die Mimik Ihrer Gesprächspartner aus dem Blickfeld – ein Problem, das auch „Eye Contact Dilemma" nennt (Kammermeier, 2020). Auch die oftmals schlechte Übertragungsqualität, Beleuchtung und Positionierung im visuellen Rahmenwerk des Bildschirmes (siehe Abschn. 6.2, Abb. 6.2) erschwert die multisensorische Wahrnehmung der Mimik. Um im virtuellen Raum ein möglichst vertrauensvolles und professionelles Auftreten zu gewährleisten, sollten Sie sicherstellen, dass Ihre Technik auf dem neuesten Stand ist und Sie eine optimale Bild- und Tonqualität herstellen können.

Darüber hinaus ist es sehr wichtig, dass Sie ein besonderes Augenmerk auf Ihre eigene Mimik legen. Wie ist Ihre Mimik, wenn Sie entspannt, aufgeregt oder konzentriert sind? Wie wirken Sie in diesem Zustand? Haben Sie hier eher einen angespannten Gesichtsausdruck oder eher ein entspanntes Lächeln? Nehmen Sie sich die Zeit und trainieren Sie Ihre Mimik in dem Sie virtuelle Verkaufsgespräch auf dem Videokonferenzsystem Ihrer Wahl simulieren und aufnehmen, um diese dann im Anschluss zu reflektieren hinsichtlich Ihrer Wirkung auf Ihre Kunden. Holen Sie zu Ihrer Selbstwahrnehmung hierzu auch gerne noch eine Zweit- oder Drittmeinung ein, um sicher zu gehen, wie Sie in der Fremdwahrnehmung auf andere Personen wirken. Denken Sie dabei auch immer an die Macht des ersten Eindruckes. Vielleicht haben Sie das auch schon bei sich selbst bemerkt. Manche Menschen sind Ihnen auf Anhieb sympathisch und andere können Sie einfach nicht ausstehen. Im Laufe der Evolution hat es sich als vorteilhaft erwiesen, sich schnell ein Bild von anderen Menschen zu machen. Ist der Fremde eine Bedrohung? Kann ich ihm vertrauen? Die Kleidung, Körpersprache und die Mimik sind Informationen, anhand derer Menschen sich schon aus der Entfernung und in Bruchteilen von einer Sekunde eine erste Meinung bilden können um einen Menschen als sympathisch oder unsympathisch einzuschätzen. Für den ersten Eindruck benötigt Ihr Kunde also gerade mal einen Wimpernschlag. Eine wichtige Rolle beim Einschätzen des Sympathiefaktors spielt auch, wie sehr eine Person uns gleicht. Für einen ersten Sympathiegewinn reichen allerdings schon oberflächliche Übereinstimmungen (Luerweg, 2021) (siehe hierzu auch Abschn. 2.5 Beziehungsaufbau durch Pacing und Leading).

Zum Ende des Abschnitts möchte ich noch auf den sozialen Klebstoff bei Interaktionen eingehen – das Lachen. Der US-Psychologe Robert Provine hat in mehr als 15 Jahren Lachforschung herausgefunden, dass das Phänomen Lachen weit mehr ist als eine reflexartige Kontraktion der Bauch- und Gesichtsmuskulatur. Lachen ist soziale Interaktion, eine besonders intensive und häufig unbewusste Form der Kommunikation. Das Lachen zeigt an, dass zwei Menschen sich freundlich gesonnen sind, dass sie sich gegenseitig zustimmen, also eine Basis an Gemeinsamkeiten haben und geschieht fast ausschließlich unbewusst. Zur rechten Zeit eine angemessene Portion Humor, hebt die Stimmung und die Laune im virtuellen Verkaufsgespräch und baut Anspannung ab (Bolten, 2011). Verkäufer, die humorvoll sind, und dabei sogar auch noch über sich selbst lachen können, schaffen es noch leichter, Vertrauen, Kooperationsbereitschaft und Sympathie bei Ihren Kunden aufzubauen. Wir Menschen trauen denen, die wir mögen und die uns nahe sind. Humor hilft, Barrieren ab- und eine gute Gesprächsatmosphäre aufzubauen und uns gegenseitig besser kennen zu lernen (Brandt, 2023).

2.7 Die Macht der Gestik

Bereits von Geburt an ist die Wahrnehmung zwischen unserer Sprache und den entsprechenden Gesten stark verwoben und synchronisiert. Gesten dienen der zwischenmenschlichen Kommunikation, insbesondere die Bewegungen der Arme, Hände und des Kopfes. Diese begleiten oder ersetzen gesprochene Mitteilungen. Gesten sind Zeichen der nonverbalen Kommunikation (Wikipedia, Gestik, 2023). Ein angemessenes Kopfnicken kann etwa eine positive Geste für Zustimmung sein. Wer jedoch seine Arme vor der Brust verschränkt, könnte dem Betrachter eine gewisse Abwehrhaltung signalisieren (Sandhaus, 2023). Gerade die Hände erfüllen im virtuellen Gespräch eine sehr wichtige Funktion. Einerseits drücken Handgesten eine Haltung aus und auf der anderen Seite ermöglichen diese auch auf etwas hinzuweisen. Sie können damit etwas beschreiben und Ihre Gefühle ausdrücken. Die Handgesten sind die ausdrucksstärksten Instrumente der Körpersprache und für die Kommunikation im virtuellen Raum somit von zentraler Bedeutung (Engel, 2008). Wie ich bereits im Abschn. 2.4 beschrieben habe, führe ich grundsätzlich alle virtuellen Gespräche im Stehen aus. Anders als in einer sitzenden Haltung, hat das den sehr großen Vorteil, dass ich völlig frei mit meinen Armen und Händen agieren und das von mir Gesagte ideal unterstreichen kann. Vielleicht fragen Sie sich jetzt, wo Sie mit Ihren Händen während des digitalen Verkaufsgespräches hinsollen, um eine positive und professionelle Wirkung bei Ihren Kunden zu erzielen? Auf keinen Fall sollten Sie Ihre Hände hastig und impulsiv bewegen. Das kommt beim Kunden auf der anderen Seite als Nervosität oder auch Lampenfieber an. Um die eigene Nervosität in den Griff zu bekommen, nehmen manche Verkäufer gerne etwas in die Hand, zum Beispiel einen Kugelschreiber. Das macht das Ganze nicht besser, denn der Kugelschreiben wirkt wie ein Verstärker und Sie wirken noch unsicherer. Aus diesem Grund sollten Sie alles aus den Händen legen, was Sie nicht wirklich benötigen. Für den Fall, dass Sie in der Kundenpräsentation gerne eine Präsentationsfernbedienung einsetzen, nehmen Sie diese in die nicht dominante Hand, als Rechtshänder also in die linke Hand. So können die dominante Hand für Ihre Gesten frei einsetzen und vermeiden nervöses Gestikulieren. Um Ihre Aussagen mit Gesten im visuellen Rahmenwerk (siehe Abschn. 6.2, Abb. 6.2) souverän zu begleiten, gibt es drei Bereiche, die Sie beachten sollten:

1. Der negative Gestenbereich: Alles unterhalb der Gürtellinie
2. Der neutrale Gestenbereich: Alles oberhalb der Gürtellinie bis zur Brusthöhe
3. Der positive Gestenbereich: Alles oberhalb der Brusthöhe

Hierzu sollten Sie Ihre Webcam so einstellen, dass Ihre Hände im neutralen und positiven Bereich optimal sichtbar sind. Während der virtuellen Konferenz können Sie dann Ihre Hände auf Bauchhöhe halten und jederzeit Ihre Worte mit entsprechenden Gesten akzentuieren. Dabei ist es wichtig, dass Ihre Gesten ruhig, natürlich und dezent wirken. Mit ausgreifenden und schnellen Bewegungen sollten Sie hingegen sparsam sein. Nachfolgend noch einige Beispiele, wie Sie Ihre Kunden im virtuellen Verkaufsgespräch auch körperlich begeistern und motivieren können.

1. Die geballte Faust mit dem Daumen auf dem Zeigefinger aufliegend: drückt Stärke und Entschlossenheit aus.
2. Daumen und Zeigefinger zu einem Kreis geformt: hilft dabei, Ihre Aussagen zu akzentuieren.
3. Die Hände stellen eine Waagschale dar: visualisiert zum Beispiel das Pro und Contra einer Entscheidung.
4. Handflächen offen in Richtung zu Ihren Kunden: Zur Darstellung und Unterstreichung von Fakten. (Epple, 2017)

Was passiert eigentlich im Gehirn unserer Kunden, wenn die Hände des Verkäufers im visuellen Rahmenwerk nicht zu sehen sind? Da in der menschlichen Kommunikation und im dreidimensionalen Raum die Sprache direkt mit unseren Gesten synchronisiert ist, holt sich das menschliche Gehirn die fehlenden Informationen durch eine mentale Abkürzung, um einen Gesamteindruck bzw. ein Urteil über die Vertrauenswürdigkeit des Verkäufers im Bildschirm zu fällen. Diese mentale Abkürzung wird in der Psychologie als Heuristik beschrieben. Das Wort Heuristik stammt vom griechischen Wort „heuriskein" ab, was so viel bedeutet wie finden, oder entdecken. Heuristiken sind kognitive Strategien unseres Gehirns, die ihm helfen, mit begrenztem Wissen Entscheidungen zu treffen, Urteile zu fällen und dies völlig unbewusst und automatisiert (Michalkiewicz, 2015). Sie sorgen dafür, dass wir in der heutigen Welt mit einem Überfluss an Informationen zurechtkommen. Darüber hinaus gibt es im

Zusammenhang mit den Heuristiken noch den sogenannten Negativitätseffekt. Vielleicht kennen Sie das: Sobald Sie die Nachrichten einschalten, werden Sie von einer Masse negativer Informationen überflutet. Der Grund hierfür ist, dass Menschen viel mehr auf negative Reize achten und darauf reagieren als auf Positive. Forscher vermuten, dass hinter diesem Verhalten die Evolutionsbiologie steckt. Gerade in der Steinzeit war es für das Überleben der Gruppe wichtig, schnell auf Gefahren zu reagieren. Und so kann es durchaus passieren, dass Ihre Kunden im virtuellen Kontext vermuten, dass der Verkäufer durch die fehlende Gestik etwas verbergen möchte, etwas nicht stimmt und somit der Negativitätseffekt voll zum Tragen kommt und Ihre Gesprächspartner sich fragen, ob Sie glaubwürdig sind. (Stangl, 2023).

Aus dem persönlichen Verkaufsgespräch kennen wir alle die Begrüßung mit Handschlag. Auf der ganzen Welt begrüßen sich Menschen nicht nur mit Worten, sondern auch mit Berührungen und/oder motorischer Gleichschaltungen wie z. B. Kopfnicken oder einer Verneigung. Dadurch bauen sie auf unbewusster Ebene ein Vertrauensverhältnis zu ihrem Gegenüber auf. Für das Gefühl sozialer Sicherheit benötigt der Mensch ein Zeichen, um eine gemeinsame Vertrauensbasis zu schaffen. Dies geht besonders gut mit Signalen über den Tastsinn, unseren kinästhetischen Wahrnehmungskanal. Die Berührung beim Kontakt mit Menschen entspringt offensichtlich dem Bedürfnis des Menschen, sein Gegenüber multisensorisch wahrnehmen zu können. Daher ist es sinnvoll auch im virtuellen Raum ein Begrüßungsritual mit motorischer Gleichschaltung zu etablieren (Besser-Sigmund & Landgraf, 2021). Hierzu Winken Sie Ihrem Kunden, unterstützt von einem freundlichen Lächeln zu Beginn und am Ende Ihres virtuellen Verkaufsgespräches zu.

2.8   Mit sicherer Stimme im virtuellen Verkaufsgespräch überzeugen

Unsere Stimme ist der einflussreichste Klangkörper auf dieser Welt. Mit der Stimme können wir andere Menschen zu etwas bewegen, überzeugen, begeistern, Vertrauen aufbauen, zum Lachen bringen, kompetent klingen oder unsere Souveränität unter Beweis stellen. Unsere Stimme ist einmalig und unverkennbar (Sämann, 2023)? Sind solche Eindrücke und Wahrnehmungen in der Regel richtig? Und was kann man überhaupt aus einer Stimme heraushören?

Menschen bilden sich innerhalb von Sekundenbruchteilen eine erste Meinung über Fremde Personen und das nicht nur über unseren visuellen Sinneskanal, sondern auch über das Hören. Der Sprach- und Kommunikationswissenschaftler

Walter Sendlmeier sagt, die Stimme eines Menschen sei ungemein individuell. So individuell, dass wir vertraute Stimmen auch am Telefon schon nach wenigen Silben erkennen. Und er sagt:»Neben der bloßen Bestimmung der Identität eines Menschen lassen sich viele weitere Eigenschaften über diesen Menschen anhand der Stimme und der spezifischen Sprechweise ableiten.« Dazu zählen neben Alter und Geschlecht der Bildungsgrad, die regionale und die soziale Herkunft, die Gesundheit sowie die momentane Gemütslage. Schon durch den ersten Höreindruck von Stimme und Sprechweise erhielten wir einen recht differenzierten Eindruck von einem Menschen.

„Wir erkennen sofort an der Sprechweise, ob jemand gerade eher froh, traurig, ängstlich oder ärgerlich ist – und zwar auch dann, wenn die Person uns über den Inhalt etwas anderes vormachen möchte." Walter Sendlmeier, Kommunikationswissenschaftler (Schwenkenbecher, 2021).

Tatsächlich können Menschen anhand der Stimme völlig unbewusst die Vertrauenswürdigkeit ihres Gegenübers einschätzen: Menschen mit tieferer Stimme werden als vertrauenswürdiger wahrgenommen. Besonders vorteilhaft ist eine tiefere Stimme mit häufigen Wechseln in der Stimmlage und einem Lächeln in der Stimme. Denn damit klingt der Sprecher nicht nur kompetent, sondern auch freundlich und enthusiastisch (Schwenkenbecher, 2021). Einer der bekanntesten unbewussten Denkprozesse oder auch kognitive Verzerrung genannt, ist der Halo-Effekt. Dabei schließen Menschen von bekannten Eigenschaften einer Person auf unbekannte Personen. Das könnte im Verkaufskontext so aussehen, wenn Kunden möglicherweise schlechte Erfahrungen mit einem Verkäufer gemacht haben, könnten Sie darauf schlussfolgern, dass Sie als unbekannter Verkäufer dieselben Eigenschaften haben (Wikipedia, Halo-Effekt, 2023). In Bezug auf die Stimme bedeutet das, wer eine attraktive Stimme hat, dem werden noch weitere gute Eigenschaften zugeschrieben: stark und selbstbewusst zu sein, intelligent, freundlich, emotional stabil und sozial kompetent. Experten sprechen von dem sogenannten „Vocal attractiveness stereotype" einer Form des Halo-Effekts, bei dem ein positives oder negatives Urteil auf andere Eigenschaften ausstrahlt. Allerdings gibt es hier eine Ausnahme. Wenn Männerstimmen extrem tief oder Frauenstimmen extrem hoch klingen. Dann wirken diese in den meisten Ohren nicht mehr attraktiv (Schwenkenbecher, 2021). Wie in Abschn. 2.5 bereits ausführlich beschrieben, empfehle ich Ihnen Ihre Stimme, Lautstärke, Stimmmodulation, Gesprächsrhythmus und Geschwindigkeit zu spiegeln, um eine tiefe Vertrauensbasis bei Ihrem Gesprächspartner aufzubauen. Ein weiterer Tipp, um Ihren Aussagen den entsprechenden Nachdruck und Glaubwürdigkeit im virtuellen Umfeld zu verleihen ist eine fallende Intonation, auch „Downward Inflections" genannt. Durch das Absenken Ihrer Stimme am Ende eines Satzes, bekommt Ihr Gesagtes mehr Bestimmtheit, Glaubwürdigkeit und Nachdruck. Dieser kleine Unterschied hat eine große Auswirkung auf die bewusste Verarbeitung des Gesagten, und zwar unabhängig vom eigentlichen Inhalt. Senken Sie am Satzende Ihre Stimme, suggerieren Sie Ihrem Kunden, dass es sich bei der Aussage um einen definitiven Fakt handelt und wirken dadurch souverän, selbstbewusst und steigern Ihr Durchsetzungsvermögen erheblich. Die Stimmsenkung ist darüber hinaus noch eine Möglichkeit, wenn Sie bei entscheidenden virtuellen Verkaufsgesprächen möglicherweise etwas angespannt sind, diese Unsicherheit gekonnt zu überspielen (Gramatke, 2023).

2.9 Wie wichtig ist der Blickkontakt im virtuellen Verkaufsraum?

Das Auge ist unser wichtigstes Sinnesorgan. Wir sind auf das Sehen mehr als auf Riechen, Schmecken, Tasten und Hören angewiesen. Mehr als 80 % der Informationen unserer Umwelt nehmen wir mit den Augen wahr. Sie ermöglichen somit mehr Eindrücke als jedes andere Sinnesorgan. Grund genug, uns etwas näher mit dem Auge und der Wichtigkeit des Blickkontaktes im virtuellen Verkaufsgespräch zu beschäftigen (Radomski, 2020). Als Blickkontakt bezeichnet man den wechselseitigen Blick zweier Personen in die Augen, wenn dieser von beiden wahrnehmbar ist. Es handelt sich um ein sogenanntes dynamisches Sehereignis. Blickkontakte sind ein wichtiges Ausdrucksmittel der Körpersprache und ein zentraler Bestandteil der nonverbalen Kommunikation. Kaum eine andere Mimik vermag einen so facettenreichen Ausdruck zu vermitteln. Wenn Sie sich z. B. zum Erstgespräch virtuell begegnen, vermittelt unter anderem der Blickkontakt erste wichtig Informationen über Ihre Person und ist somit ein wichtiger Bestandteil des ersten Eindruckes, den Sie Ihrem Interessenten vermitteln (Wikipedia, Blickkontakt, 2023). Mit Ihren Augen können Sie viel mehr sagen als wie mit Worten und Gesten. Sie können mit den Augen Ihre Gefühle zeigen und Stimmungen bzw. die Absicht einer Person transportieren. Im Verkaufskontext könnte das etwa das Interesse oder Desinteresse für ein Produkt, Dienst- oder Serviceleistung sein. Wenn wir einen Blickkontakt zu unserem Gesprächspartner aufbauen, zeigt das unser wirkliches Interesse an ihm. Damit wirken wir freundlich, sympathisch und im selben Moment sehr selbstbewusst und charismatisch. Schauen wir dagegen weg, kann das als ein Zeichen von Unsicherheit, Unaufrichtigkeit, Desinteresse an unserem Kunden empfunden werden. Möchten wir also im virtuellen

Raum Vertrauen, emotionale Verbindung, Verbindlichkeit, Selbstbewusstsein und ein wirkliches Interesse am Erfolg unserer Kunden herstellen, dann sollten Sie ab sofort bewusst zu 100 % den Blickkontakt mit Ihren Kunden halten, nur dann kommen Ihre Botschaften richtig an (Krieger, 2018). Allerdings ist es gar nicht so einfach, im virtuellen Verkaufsraum den Augenkontakt herzustellen und zu halten. Viele Verkäufer und Kunden haben das Gefühl, dass ihnen die Gesprächspartner in virtuellen Verkaufsgesprächen nie in die Augen blicken. Der Grund dafür ist das sogenannte Eye-Contact-Dilemma: Im persönlichen Verkaufsgespräch blicken sich die Gesprächspartner direkt in die Augen (Kammermeier, 2020). Direkter Blickkontakt ist im täglichen Miteinander wichtig, um Nähe, Vertrauen und Sympathie aufzubauen. Dieses direkte Signal fehlt in der virtuellen Kommunikation mit unseren Kunden und lässt uns mit einer beträchtlichen Lücke in der sozialen Interaktion zurück. Der Online-Blickkontakt ist immer divergent, also nie direkt. Wer auf den Bildschirm in das Gesicht seines Gesprächspartners schaut, wird von diesem mit einem nach unten gerichteten Blick wahrgenommen. Um unserem Gegenüber zu vermitteln, dass wir es anschauen, müssen wir in die Kamera schauen und verlieren die Person selbst aus den Augen. Während eines virtuellen Verkaufsgespräches kommt es immer mal wieder dazu, dass Sie den Blick von den Kunden abwenden müssen, um z. B. eine Präsentation mit den Teilnehmenden zu teilen. Daher hat es sich im Onlinekontext bewährt, bei jeder Interaktion die Teilnehmenden verbal darauf hinzuweisen, was als nächstes im Prozess passiert. Das sorgt für Klarheit, Orientierung und hilft den Negativitätseffekt wie in Abschn. 2.7 beschrieben zu umgehen. Ein weiterer Grund, weshalb uns der Augenkontakt zu unseren Kunden schwerfällt, ist die Tatsache, dass wir ständig unser Spiegelbild sehen und bewerten. Wie lange schauen Sie sich normalerweise täglich im Spiegel an? Vielleicht 20 min? Überlegen Sie mal, wie lange Sie sich und vor allem Ihre Kunden Sie in virtuellen Verkaufsgesprächen anschauen? Die ständige Präsenz des eigenen Spiegelbildes ist sehr anstrengend und kann negative emotionale Folgen für uns haben, während Sie mit Ihren Kunden sprechen, Bedarfe analysieren, den Verkaufsprozess im Blick haben und Entscheidungen treffen (Meinel, 2023). Daher ist es sinnvoll, den eigenen Bildausschnitt zu minimieren und die Kundenansicht zu maximieren. Blickkontakt erzeugt Kontakt. Und aus diesem und allen vorher genannten Gründen, möchte ich Sie gerne motivieren ab, sofort den Blickkontakt zu Ihren Kunden proaktiv zu suchen und zu halten.

▶   Tipp: Kleben Sie sich einfach ein Post-it mit einem Smiley direkt neben Ihre Webcam. Das erleichtert den Blick in die schwarze Webcam und hilft Ihnen, den Blickkontakt beim Kunden zu halten.

Kommunikation & Interaktion

3

Nachdem Sie jetzt bereits einiges über den ersten Kompetenzbereich „Beziehungsaufbau" gelesen haben, steigen wir nun in den zweiten Kompetenzbereich, der Kommunikation und Interaktion ein. In diesem Kapitel beschäftigen wir uns gemeinsam mit den Grundlagen zur Kommunikation und Interaktion in virtuellen Verkaufsgesprächen. Der Psychologe Gert Heinz Fischer definiert in seinem Buch „Verkaufsprozesse mit Interaktion. Vom Monolog zum Dialog" die Interaktion folgendermaßen: Zunächst geht es darum, die heute oftmals bekannte Ein-Weg-Kommunikation zur Zwei-Weg-Kommunikation umzuwandeln: Sender und Empfänger kommunizieren wechselseitig; der Sender wird zum Empfänger und umgekehrt. Der Austausch von Botschaften wird zum Interaktionsprozess. Eine schrittweise so entwickelte Kommunikationsstruktur verspricht als interaktive Kommunikation mehr Effizienz (Fischer, 1981). Kommunikation in Verbindung mit Interaktion ist im persönlichen wie auch im virtuellen Verkaufsgespräch der entscheidende Faktor für Verkaufserfolg. Vielleicht kennen Sie die folgende Situation. Stellen Sie sich ein Verkaufsgespräch vor, in dem der Verkäufer unermüdlich für seine Produkte und Dienstleistungen argumentiert, ohne dabei seinen Kunden auch nur eine Frage zu stellen – hier erschlägt der Verkäufer den Kunden förmlich mit Argumenten. Diese Vorgehensweise kann heute im persönlichen Verkaufen teilweise noch zu einem Verkaufsabschluss führen. Im virtuellen Verkaufsgespräch wäre diese einseitige Kommunikation ohne Interaktion das Ende. Die Aufmerksamkeit Ihrer Kunden im virtuellen Verkaufsraum würde innerhalb von 10 min gegen null gehen. Hierzu mehr im Kap. 4 – Aufmerksamkeit und Motivation. Die 80-20-Regel, das heißt 80 % redet der Verkäufer und 20 % redet der Kunde, muss im virtuellen Kontext um 180 Grad gedreht werden. Die professionelle Gesprächsführung, in der vom

H. Trenkel, *Virtuelle Verkaufsgespräche professionell planen und durchführen*, essentials, https://doi.org/10.1007/978-3-658-43144-0_3

Verkäufer die richtigen Fragen gestellt werden, um eine reflexive Bedarfsanalyse durchzuführen, ist auch heute noch eine der größten Achillesfersen in der B2B Vertriebspraxis. Weshalb ist eigentlich die Kommunikation und Interaktion im virtuellen Verkaufsraum von so großer Bedeutung? Um einerseits die Kundenbedarfe optimal zu klären und andererseits um die eingeschränkte multisensorische Wahrnehmung während des Online-Verkaufsgespräches, mittels gezielter Kommunikation auszugleichen. Da wir während des virtuellen Verkaufsgespräches unseren Kunden über unsere Webcam direkt in die Augen schauen, um eine emotionale Bindung aufzubauen, bleiben uns logischerweise alle nonverbalen Signale verborgen (vgl. Abschn. 2.6, Eye Contact Dilemma). Im persönlichen Gespräch mit unseren Kunden können wir z. B. über Mimik sehr schnell erkennen, wie sich unser Kunde fühlt und was er über unsere Fragen oder Argumente denkt. Der direkte Blickkontakt hilft uns Stimmungen, Gefühle und Absichten bei unserem Gesprächspartner zu lesen. Darüber hinaus können die für uns in diesem Moment unsichtbaren nonverbalen Signale Hinweise, zusätzliche Informationen und Bedeutungen über die gesprochene Kommunikation liefern. Die nachfolgende Übersicht zeigt in beeindruckender Weise, was es für unser Gehirn bedeutet, wenn der direkte Blickkontakt zu unseren Kunden und die daraus resultierenden Informationen unserer Augen fehlen. Sie sehen darin einen quantitativen Überblick darüber, wie viel an Informationen pro Sekunde von unseren Sinnesorganen aufgenommen werden. Ein Bit stellt dabei die kleinste mögliche Informationseinheit dar. (Horkava & Latzelsberger, 2016).

Sinnesorgan – Datenrate (gerundet)
Augen: 10.000.000 Bit/s
Haut: 1000.000 Bit/s
Ohren: 100.000 Bit/s
Geruch: 100.000 Bit/s
Geschmack: 1000 Bit/s

In den nachfolgenden Kapiteln stelle ich Ihnen einige Grundlagen der Kommunikation im virtuellen Verkaufsraum vor. Die Kommunikationsmodelle sollen Ihnen dabei helfen, einerseits die Bedarfsanalyse in der Interaktion mit Ihren Kunden optimal zu gestalten und andererseits die fehlenden nonverbalen Signale auszugleichen.

3.1 Fragen

Effektives Fragen ist eine wesentliche Fähigkeit in der Interaktion mit Ihren Kunden. Mit Fragen öffnen Sie den Geist Ihrer Kunden, mit Aussagen schließen Sie den Geist Ihrer Kunden. Wer richtig fragt, bringt Bewegung ins Gespräch. Gut gestellte Fragen wecken die Neugier Ihrer Kunden, erhalten Ihre Aufmerksamkeit und können Ressourcen erschließen. Mit den richtigen Fragen können Sie nicht nur Informationen zu Tage fördern, Sie können Ihren Kunden auch neue Informationen zurückgeben und dadurch deren Sichtweise verändern und Prozesse in Gang setzen (Kindl-Beifuß, 2019). Fragen helfen Ihnen, Vertrauen aufzubauen, wenn Sie ein wirkliches Interesse an dem Erfolg Ihres Kunden signalisieren. Wer fragt führt das Gespräch, lautet eine bekannte Management-Weisheit und genau das ist Ihre Aufgabe als eFacilitator, durch reflexive Fragen Ihren Kunden durch den Verkaufsprozess zu begleiten und dadurch die Partizipation bei der gemeinsamen Erarbeitung der Problemlösung zu ermöglichen was sich im Nachgang dann auch wieder in der Akzeptanz und Veränderungsbereitschaft für Sie auszahlt. Es gibt eine Vielzahl an systemischen Fragen, die Sie in der Vertriebspraxis einsetzen können. Im Rahmen der Roadmap möchte ich gerne auf die drei wesentlichen Fragearten eingehen.

3.1.1 Geschlossene Fragen

Auf geschlossene Fragen antworten Ihre Kunden mit einem „Ja" oder einem „Nein". Dadurch schränken Sie den Umfang einer möglichen Antwort automatisch ein. Dennoch können geschlossene Fragen sehr nützlich sein, um die Diskussion zu fokussieren, eine Entscheidung herbeizuführen und bei Bedarf klare, präzise Antworten zu erhalten oder auch die Absicherung von Teilergebnissen, um danach im Verkaufsgespräch in die nächste Stufe zu erklimmen. Nachfolgend finden Sie drei Beispiele für geschlossene Fragen:

- Sehen Sie das auch so?
- Sind Sie damit einverstanden, dass wir Ihnen die Maschine gleich nächste Woche liefern?
- Möchten Sie das Projekt mit mir umsetzen?

3.1.2   Offene Fragen

Offene Fragen oder auch W-Fragen genannt (wie, was, wo, wann…), erweitern den Antwortbereich Ihrer Kunden, da Sie Ihren Kunden dazu veranlassen über die Frage nachzudenken. Die W-Fragen helfen Ihnen möglichst viele Informationen zu erhalten und fördern die Beteiligung am Verkaufsgespräch. Nachfolgend finden Sie drei Beispiele für offene Fragen:

• Was gefällt Ihnen besonders gut an unserer Lösung?
• Wie zahlt die Lösung in die Erreichung Ihrer Unternehmensziele ein?
• Welche Auswirkungen hätte es, wenn Sie das Problem nicht lösen?

Es gibt eine W-Frage, die Sie bitte niemals stellen sollten: Warum? Mit dieser Frage klagen Sie Ihren Gesprächspartner an und riskieren einen möglichen Rapportbruch.

3.1.3   Konkretisierungsfragen

Konkretisierungsfragen helfen Ihnen wage umschriebene Sachverhalte zu konkretisieren. Ich spreche in diesem Zusammenhang auch von unspezifischen Hauptwörtern, Verben und Adjektiven. Mal angenommen, Sie stellen im Verkaufsgespräch Ihrem Kunde die Wertefrage: „Lieber Kunde, wenn Sie an die Anschaffung eines neuen Bearbeitungszentrums für Ihre Kurbelwellenfertigung denken, was ist Ihnen dabei besonders wichtig? Naja, das Bearbeitungszentrum sollte leistungsstark sein, leicht zu reinigen und vor allem einen innovativen Werkzeugwechsel ermöglichen. Diese drei Kundenbedürfnisse hören sich im ersten Moment sehr eindeutig an. Das könnte daran liegen, dass sich der Verkäufer in diesem Moment an seinem Erfahrungswissen bedient und aus bereits erlebten Verkaufsgesprächen ableitet, was sein Kunde darunter versteht. Das kann allerdings gründlich in die Hose gehen und zu Missverständnissen führen. Aus diesem Grund ist es so wichtig, dass Sie bei unspezifischen Beschreibungen oder Aussagen genau nachfragen, was Ihr Kunde darunter versteht. Das könnte sich folgendermaßen anhören:

• Was genau meinen Sie mit leistungsstark?
• An was denken Sie, wenn Sie sagen das neue Bearbeitungszentrum sollte leicht zu reinigen sein?

- Was ist Ihre Zielsetzung bei Ihrem Wunsch nach einem innovativer Werkzeugwechsel?

3.2 Aktives Zuhören

Aktives Zuhören ist eines der wichtigsten Tools in der virtuellen Kommunikation. Wie bereits beschrieben, gibt es zwei Herausforderungen im virtuellen Verkaufsraum. Einmal sollten Sie die Kundenbedürfnisse verstehen, um dann auf dieser Wissensbasis Ihre Lösung zu formulieren und auf der anderen Seite mittels aktiven Zuhörens die eingeschränkte multisensorische Wahrnehmung ausgleichen, Missverständnisse erst gar nicht entstehen lassen und am Ende ein gemeinsames Verständnis für die Bedürfnisse und Erwartungen Ihres Kunden entwickeln. Das aktive Zuhören lässt sich in drei Stufen einteilen.

3.2.1 Das aufnehmende Zuhören

Durch Blickkontakt, Aufmerksamkeitslaute wie „mmmmmmh" und das Spiegeln der Emotionen Ihres Kunden zeigen Sie, dass Sie aktiv am Gespräch teilnehmen. Diese Art des Zuhörens bewährt sich sehr gut, wenn Ihr Kunde sehr emotional ist.

3.2.2 Paraphrasieren

Beim „Paraphrasieren" wiederholen Sie Kernbotschaften und zentrale Aussagen Ihres Kunden mit eigenen Worten. Formulieren Sie dabei am besten in der Frageform, um eventuell eine Korrektur zu ermöglichen.

- Habe ich Sie richtig verstanden, dass … ?
- Meinten Sie … ?
- Ihnen ist es also wichtig, dass…?

Das Paraphrasieren hilft Ihnen, Missverständnisse auszuschließen, effektiv Übereinstimmungen festzuhalten, Kompromisse zu erzielen und Sie gewinnen Zeit, in der Sie sich eine Antwort auf die Frage Ihres Kunden überlegen können.

3.2.3   Verbalisieren von Gefühlen

Wenn die Gefühle Ihres Kunden durch die Decke gehen und er so richtig emotional wird, dann haben Sie die Möglichkeit mit eigenen Worten die von Ihnen vermutete Stimmung oder Emotionen wiederzugeben. In dem Fall ist es nicht wichtig was gesagt wird, sondern wie es gesagt wird. Achten Sie bitte auch darauf, ob es die Situation zulässt, um die Gefühle Ihres Kunden anzusprechen. Das könnte sich folgendermaßen anhören:

- Ich habe gerade das Gefühl, dass Sie sich über…ärgern? Nicht wahr?
- Gehe ich richtig in der Annahme, dass Sie sich mit der vorgeschlagenen Lösung noch nicht so richtig gut fühlen?
- Ich sehe, dass Sie sich über die Vorteile und Nutzen die wir Ihnen anbieten freuen. Richtig?

Aufmerksamkeit, Motivation und der MIIC-Zyklus

4

Verschiedene Studien, die im realen dreidimensionalen Raum durchgeführt wurden, zeigen das wir im Vertrieb nur einen sehr kurzen Zeitraum (30 s) haben, um die Aufmerksamkeit unserer Zuhörer zu gewinnen. Und danach haben wir weniger als zehn Minuten Zeit, um die Aufmerksamkeit bei unseren Kunden zu halten. Besonders im virtuellen Verkaufsgespräch ist die Aufmerksamkeit ein sehr wichtiger Faktor, denn sie hilft Ihren Kunden wichtige Botschaften und Informationen aufzunehmen, zu verarbeiten und vor allem zu speichern. Denn die gespeicherten Key Points, also der Mehrwert, den Ihre Lösung im Vergleich zu Ihren Marktbegleitern bietet, ist dann für Ihre Kunden die Grundlage für die Entscheidungsfindung. Im virtuellen Setting stehen wir allerdings zu einer Vielzahl von externen und internen Reizen unserer Kunden im Wettbewerb (Bäsler, 2010). Stellen Sie sich bitte folgende Situation in einem Face to Face Verkaufsmeeting vor. Sie sind im Verkaufsprozess bei der Vorstellung Ihrer Lösung für das Kundenproblem angekommen und beginnen diese an einem Flip Chart im Besprechungsraum Schritt für Schritt zu erklären. Währenddessen nimmt ihr Kunde sein Smartphone in die Hand und beginnt Emails zu beantworten, auf LinkedIn die neuesten Nachrichten zu lesen oder verlässt kurzfristig den Besprechungsraum, um sich einen Kaffee in der Kaffeeküche zu holen. Hand aufs Herz, hören Sie während Onlinemeetings immer zu? Die meisten tun es nicht. Wissenschaftler der Stanford University und des University College London haben deshalb gemeinsam mit Microsoft und Amazon das Multitasking-Verhalten während Videokonferenzen genauer untersucht (Cao (2020) PDF_Large Scale Analysis of Multitasking Behavior During Remote Meetings). Dazu haben sie von Februar bis Mai 2020 Meeting-Daten von 715 Microsoft-Mitarbeitern in den USA erfasst. Die Studie fand heraus, dass in 30 % der Meetings E-Mail-Multitasking stattfand. In 23 % der Meetings waren Teilnehmende während des Meetings mit Dokumenten beschäftigt, die für das Meeting keinerlei Bedeutung hatten.

Nachfolgend einige Faktoren, die das Multitasking in virtuellen Verkaufsmeetings fördern:

- Ein stumm geschaltetes Mikrofon oder ein ausgeschaltetes Video erhöht die Wahrscheinlichkeit für Multitasking
- In Meetings mit einer großen Teilnehmerzahl findet mehr Multitasking statt. Diese Erkenntnis unterstreicht auch der sogenannte Ringelmann-Effekt. Die Tatsache, dass Menschen, die in einer Gruppe arbeiten, eine niedrigere Gesamtleistung erbringen, als auf Basis der zu erwartenden Einzelleistungen ursprünglich angenommen werden könnte. Je mehr Personen also an einem virtuellen Verkaufsgespräch teilnehmen, desto schwieriger ist es für Sie als Verkäufer, die Aufmerksamkeit Ihrer Kunden zu gewinnen und sie am Verkaufsprozess aktiv zu beteiligen (Knecht, 2020)
- Je länger das Meeting, desto mehr Multitasking fand statt. So fand in einem 40–80 min langen Meeting deutlich mehr Multitasking statt als in einem Meeting von 20–40 min (Hofer & Dausch, 2022)

Es liegt also an Ihnen, durch eine perfekte Vorbereitung, eine klare Meeting-Struktur und eine professionelle Moderation in Ihrer Rolle als eFacilitator das Multitasking Ihrer Kunden signifikant zu reduzieren und im Umkehrschluss für die maximale Beteiligung, Motivation und Aufmerksamkeit Ihrer Kunden zu sorgen.

4.1 Die 30-10-Regel und der MIIC-Zyklus für mehr Aufmerksamkeit im virtuellen Verkaufsgespräch

Um zukünftig in virtuellen Verkaufsmeetings neben der professionellen Vorbereitung, dem Anlass und der Teilnehmeranzahl entsprechende digitale Tools wie z. B. Whiteboards einzuplanen, um die Aufmerksamkeit und Motivation Ihrer Kunden zu fördern, möchte ich Ihnen gerne ein Konzept vorstellen, dass darüber hinaus einen signifikanten Einfluss auf Ihren virtuellen Verkaufserfolg hat: das 10-min-Modell von John Medina, der als Entwicklungsbiologe und Direktor des Brain Center for Applied Learning an der Seattle Pacific University arbeitet. Das Mysterium um die Aufmerksamkeit, das Engagement und den Fokus Ihrer

Abb. 4.1 MIIC-Zyklus

Kunden zu gewinnen liegt unter anderem in der Anwendung der 30-10-Regel. Dr. John Medina hat in seinen Untersuchungen festgestellt, dass die Aufmerksamkeit seiner Studierenden bei Präsentationen nach 10 min auf nahezu null zurück geht. Darüber hinaus suchte er nach einer Lösung, damit seine Studierenden es schaffen, die 10-min-Schranke mit Leichtigkeit zu überwinden, um sich danach weiteren Themen aufmerksam zu widmen. Hierzu setzt er die ECS (emotional bedeutungsvolle Reize) ein: Er bot seinen Studenten alle 10 min eine Pause vom Informationsstrom an, um danach einen ECS auszusenden (Medina, 2009). Auf Basis der Erkenntnisse von Dr. John Medina, habe ich einen Kommunikationszyklus entwickelt, der Sie dabei unterstützt, in virtuellen Verkaufsgesprächen die Aufmerksamkeit Ihrer Kunden auf sich zu ziehen und zu halten. Einen guten Überblick über die vier Phasen des MIIC-Zyklus bietet Ihnen Abb. 4.1 und die nachfolgende Beschreibung.

4.1.1 MIIC-Zyklus – Motivationsphase

Die Motivationsphase basiert auf den emotional bedeutungsvollen Reizen wie im vorherigen Kapitel beschrieben und hilft Ihrem Kunden motiviert und fokussiert die maximal zehnminütigen Sequenzen aufmerksam zu verfolgen. In der Motivationsphase geht es darum, bei Ihrem Kunden ein Gefühl auszulösen. Angst, Freude, Nostalgie, Unglauben, Vorfreude, Begeisterung. Sie können die gesamte Gefühlspalette anregen, es funktioniert immer.

In der Motivationsphase können Sie einen Motivationsreiz rückblickend einsetzen, um einen Aspekt aus der vorangegangenen zehn Minuten Sequenz zu wiederholen oder, um einen Ausblick auf den weiteren Gesprächsverlauf zu geben. Das könnte folgendermaßen klingen: „In den nächsten zehn Minuten werde ich Ihnen vier Erfolgsfaktoren vorstellen, die aufgrund meiner sehr langen Trainingspraxis den nachhaltigen Transfer Ihrer geplanten Trainingsmaßnahmen garantieren und messbar machen." Übrigens stehen Ihnen für diesen Motivationsreiz maximal dreißig Sekunden zur Verfügung, um Ihre Kunden an Ihrem Verkaufsgespräch zu beteiligen oder zu verlieren (Medina, 2009).

4.1.2 MIIC-Zyklus – Informationsphase

In der Informationsphase geht es nun darum, die Inhalte, die Sie Ihrem Kunden vermitteln möchten, innerhalb von fünf bis zehn Minuten auf den Punkt zu bringen. Dr. Medina empfiehlt das jeweilige Thema in zwei Bereiche aufzuteilen. Der erste Teil befasst sich damit, ein Konzept innerhalb von einer Minute im Wesentlichen zu beschreiben, um dann in der verbleibenden Zeit das allgemeine Konzept genauer zu beschreiben. Der Vorteil bei dieser Vorgehensweise ist, dass Ihre Kunden jede Einzelheit mit geringer geistiger Anstrengung auf die Grundidee zurückverfolgen können. Unser Gehirn verarbeitet das Wesentliche vor den Einzelheiten und legt großen Wert auf Hierarchien. Wenn Sie also in der Informationsphase Ihren allgemeinen Gedanken zuerst vorstellen, dann verbessert sich das Verständnis bei Ihren Kunden um bis zu vierzig Prozent. Entscheidend ist bei dieser Vorgehensweise, dass Sie zu Beginn des Verkaufsgespräches Ihren Kunden den Aufbau, also Ihre Agenda vorstellen und während des gesamten virtuellen Meetings die Agenda immer wieder einbauen, sodass Ihr Kunde die einzelnen Informationssequenzen in den Gesamtzusammenhang einordnen können (Medina, 2009). In der Informationsphase gilt es noch weitere Punkte zu beachten, um erfolgreich zu sein. Dr. Carmen Simon, Neurowissenschaftlerin und leitende Angestellte bei Corporate Visions und B2B Decision Labs mit Sitz in den Vereinigten hat in Ihren neurowissenschaftlichen Forschungsstudien, die mit B2B Fachleuten durchgeführt wurden, einige sehr interessante Forschungsergebnisse erzielt. Die Studien bieten eine Reihe von praktischen Leitlinien für virtuelle Präsentationen. Und sie zeigen, dass selbst einfache Änderungen an Ihren Verkaufspräsentationen einen großen Einfluss auf den Erfolg Ihres Verkaufsgesprächs haben können. Im nachfolgenden möchte ich Ihnen gerne drei der Studienergebnisse in Kurzform als Tipps vorstellen (Simon, 2023).

▶   **Tipp** Tipp 1: Teilen Sie Ihre Verkaufspräsentation nicht auf! Vermeiden Sie es, eine Präsentation zwei Rednern zuzuweisen, auch wenn diese über gute Präsentationsfähigkeiten verfügen. Wenn Sie einen Redner mit durchschnittlichen Fähigkeiten einsetzen müssen, bitten Sie ihn, den unwichtigsten Teil der Präsentation zu halten.

Tipp 2: Bauen Sie die Hauptbotschaft Ihrer Verkaufspräsentation mehrmals in Ihre Gesamtpräsentation ein. Untersuchungen haben gezeigt, dass sich Menschen nach 48 h nur an 10 % Ihrer Inhalte erinnern können. Die regelmäßige Wiederholung Ihrer Kernaussagen (10 % Folie) während der Präsentation reduziert bei Ihren Kunden Stress und verbessert die Gedächtnisleistung aufgenommene Informationen umzuwandeln, zu speichern und wieder abzurufen.

Tipp 3: Bauen Sie in Ihre Präsentation Animationen ein und führen Sie den Blick Ihrer Kunden durch den gezielten Einsatz der Cusor- oder der Kommentarfunktion auf die Kernaussagen der Folien und definieren damit die aktuelle Bearbeitungsposition. Dadurch fällt es Ihren Kunden leicht, Ihren Ausführungen zu folgen. Wenn Sie in die Folien keine Bewegung einbauen, weiß Ihr Kunde nicht, worauf er sich konzentrieren soll. Vor allem dann, wenn Ihr Kunde keine Vorkenntnisse über das Thema hat oder die Folie sehr komplex aufgebaut ist. Wenn Ihre Präsentation über mehr bewegte Bilder verfügt, ist die Wahrscheinlichkeit größer, dass Ihre Kunden die Informationen länger im Gedächtnis behalten und weniger ermüden.

4.1.3   MIIC-Zyklus – Interaktionsphase

In der Interaktionsphase gilt es, die Aufmerksamkeit Ihrer Kunden zu gewinnen und Ihren Kunden aktiv in das Verkaufsgespräch einzubeziehen. Denn Kunden kaufen gerne, sie möchten sich nur nicht gerne etwas verkaufen lassen. Es gibt viele tolle Möglichkeiten mit Ihrem Kunden online zu interagieren, wie etwa die Abfrage per Chat oder der Einsatz eines digitalen Whiteboards zur gemeinsamen Erarbeitung der Kundenlösung. Alternativ können Sie Ihren Kunden direkt mit Namen ansprechen, eine Frage zum Thema stellen und sich damit sein aktuelles Meinungsbild abholen.

Die Frage könnte folgendermaßen klingen: „Herr Maier, welche Erfahrung haben Sie mit dem Thema Nachhaltigkeit in der Transferleistung von Trainingsmaßnahmen? Wie haben Sie bisher den Transfer der Verkaufstrainings in die Vertriebspraxis sichergestellt?"

Mehr zum Thema Interaktion finden Sie im Kap. 5, welches sich mit dem

Kompetenzfeld Nummer vier, der Zusammenarbeit im virtuellen Verkaufsraum beschäftigt.

4.1.4 MIIC-Zyklus – Checkphase

In der letzten Phase des MIIC-Zyklus sichern Sie mit der Checkfrage den aktuellen Stand z. B. in der Bedarfsanalyse ab und holen sich die Zustimmung vom Kunden, um fortzufahren. Da wir in der virtuellen Welt ein eingeschränktes multisensorisches Erlebnis haben und uns nicht wie gewohnt im persönlichen Gespräch auf unsere unbewusste Wahrnehmung der Körpersprache, Gestik, Mimik unseres Kunden verlassen und ein direkter Augenkontakt nur sehr selten möglich ist, (Eye Contact Dilemma, wie in Abschn. 2.6 beschrieben) hilft Ihnen die Checkfrage die fehlenden Informationen, den emotionalen Zustand und das gemeinsame Verständnis über die Themen aus der aktuellen 10-min-Sequenz abzufragen, sicherzustellen und abzugleichen. Wenn Verkäufer in der täglichen Vertriebspraxis die Checkfrage außer Acht lassen, könnten sie der Illusion verfallen, genau zu wissen, was ihr Kunde benötigt. Dabei greifen Verkäufer auf ihr Erfahrungswissen zurück und wundern sich dann, wenn der Kunde bei einem anderen Lieferanten einkauft, weil seine Bedürfnisse nicht erfüllt wurden.

4.1.5 Pausen

Planen Sie bei längeren Verkaufsgesprächen regelmäßige Pausen ein, um Ihren Kunden eine mentale Verschnaufpause zu gönnen und neue Energie zu sammeln.

4.1.6 Teilnehmeranzahl

Versuchen Sie, die Teilnehmeranzahl so gering wie möglich zu halten, um dem Ringelmann-Effekt (siehe Kap. 4) entgegenzuwirken. Überlegen Sie sich bitte ganz genau, wer aus dem Buying Center zur finalen Kaufentscheidung oder zur Planung der nächsten konkreten Schritte im Verkaufsprojekt wirklich benötigt wird. Falls die Teilnehmeranzahl zu groß wird, empfehle ich Ihnen auf jeden Fall eine Kollegin oder einen Kollegen als Host mit zu dem Verkaufsgespräch einzuladen, damit Sie sich voll und ganz auf die Inhalte und Ihre Kunden konzentrieren können.

Am Ende dieses Kapitels möchte ich Ihnen gerne mit der Abb. 4.2 den Gesamtzusammenhang der 30-10-Regel, Pausen, dem MIIC-Zyklus und dem Aufmerksamkeitslevel im persönlichen und virtuellen Verkaufsgespräch grafisch übersichtlich darstellen.

Level der Aufmerksamkeit in persönlichen und virtuellen Verkaufsgesprächen

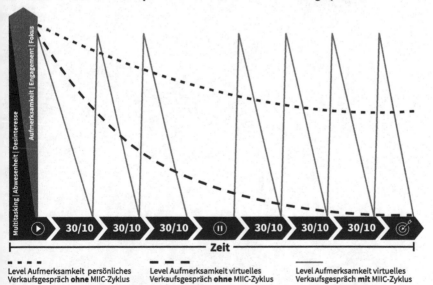

Abb. 4.2   Level der Aufmerksamkeit in persönlichen und virtuellen Verkaufsgesprächen

Zusammenarbeit bei der virtuellen Bedarfsanalyse

5

Eine der wichtigsten Kompetenzen von Verkäufern im persönlichen, wie auch im virtuellen Verkaufsgespräch ist die professionelle Durchführung der Bedarfsanalyse. Bei der Bedarfsanalyse handelt es sich um die reflexive Begleitung Ihrer Kunden im Veränderungsprozess. Also vom Problem zur Lösung. Dabei ist es sehr wichtig, dass Sie Ihre Kunden von Anfang an bei der Entwicklung Ihrer maßgeschneiderten Problemlösung aktiv einbinden und dadurch eine Partizipation möglich machen. Je mehr Sie Ihre Kunden an der Gestaltung der Lösungsansätze beteiligen, desto tragfähiger und erfolgsversprechender wird die Umsetzung und die Chance auf einen Verkaufsabschluss. Wenn Sie bei der Bedarfsanalyse mit Ihren Kunden aktiv zusammenarbeiten, entsteht dabei psychologisch das Gefühl der Verantwortung. Kunden, die sich psychologisch verantwortlich fühlen, sind der Meinung, dass Sie die Problemlösung, die Prioritäten, die nächsten konkreten Schritte eigenständig erarbeitet haben. Dies führt zu mehr Engagement und Arbeitszufriedenheit bei Ihren Gesprächspartnern (Dinius, 2010). Dieses Phänomen beschreibt der Wirtschaftswissenschaftler Michael Norton als den sogenannten IKEA-Effekt. Danach wird ein Möbelstück für Menschen noch wertvoller, wenn sie es selbst zusammengebaut haben. So wird aus einem Massenprodukt ein Einzelstück, in dem etwas unbezahlbar, wertvolles steckt: Lebenszeit (Mai 2023). Wenn also Ihre Kunden aktiv an der Bedarfsanalyse mitarbeiten, sehen Sie die daraus entwickelte Lösung zur Veränderung als Ihren ganz persönlichen Handlungsweg an und werden für diesen gegenüber anderen Mitgliedern des Buying Centers jederzeit einstehen. Nutzen Sie die Chance in Ihrer Rolle als eFacilitator und bieten Sie die neue digitale Möglichkeit der Zusammenarbeit Ihren Kunden an um dann mit ihnen gemeinsam, interaktiv,

H. Trenkel, *Virtuelle Verkaufsgespräche professionell planen und durchführen*, essentials, https://doi.org/10.1007/978-3-658-43144-0_5

ansprechend und effektiv die agile Bedarfsanalyse mit dem WOW-Effekt zu gestalten.

5.1   Bedarfsanalyse-Canvas

Der Begriff „Canvas" kann mit dem Begriff „Leinwand" übersetzt werden und steht für das Visualisieren bzw. Darstellen von Prozessen auf einem großen Blatt auch „One-Pager" genannt. Entwickelt wurde die „Business Model Canvas" Methode zur systematischen Analyse von Geschäftsmodellen im Jahr 2008 von dem renommierten Schweizer Entrepreneur Alexander Osterwalder. Die Canvas Darstellung ermöglicht einen strukturierten Prozess, Transparenz und eine interaktive Kommunikation. Die Visualisierung sorgt für ein gemeinsames Verständnis. Aktivitäten und Diskussionen können direkt am Prozess der Bedarfsanalyse vorgenommen werden, der sonst nicht greifbar bzw. sichtbar wäre. Das im Folgenden vorgestellte Bedarfsanalyse Canvas" ist eine Visualisierungsmethode, welche Transparenz und Klarheit in den Veränderungsprozess, vom Problem zur Lösung bringt (Bertagnolli et al., 2018).

5.2   Aufbau und Struktur des Bedarfsanalyse-Canvas

Der Aufbau des Bedarfsanalyse Canvas beinhaltet fünf Felder zur erfolgreichen virtuellen Bedarfsanalyse bei Ihren Kunden. Auf dem Weg zur optimalen Lösung für Ihren Kunden werden Sie unterschiedliche Themen gemeinsam bearbeiten, die Sie alle synchron im „Bedarfsanalyse-Canvas" Template direkt live und online visualisieren und dokumentieren (Abb. 5.1).

5.3   Vorgehensweise bei der Bedarfsanalyse

Das „Bedarfsanalyse Canvas" führt Sie zusammen mit Ihrem Kunden Schritt für Schritt durch den strukturierten Coached Selling® Gesprächsführungsprozess mit der Zielsetzung, am Ende einen Verkaufsabschluss bzw. den nächsten konkreten Schritt im Beschaffungsprozess mit Ihrem Kunden zu vereinbaren. Das Zentrale Feld 01 in der Mitte dient zur Beschreibung des Anliegens bzw. der Problemstellung. Die Felder 02–04 bestehen aus einer reflexiven Beratung, einer Beratung ohne Ratschlag. Hier ist es demnach Ihre Aufgabe als eFacilitator, den Kunden durch das gezielte Stellen von Fragen zu reflektieren, um ein einheitliches

Abb. 5.1 Bedarfsanalyse Canvas

und gemeinsames Verständnis der Problemstellung zu erarbeiten. Im letzten Feld 05 geht es schließlich um die Vorstellung der Lösung. Hier ist Ihre Fachexpertise gefragt, um für den Kunden auf Basis der zuvor durchgeführten reflexiven Bedarfsanalyse die optimale Lösung zu präsentieren. Im nachfolgenden gehe ich auf die wesentlichen Aspekte der einzelnen Canvas Felder ein.

Kunde, Titel, Thema, Datum Um was geht es konkret bei der Bedarfsanalyse? Für was oder wen soll eine Lösung erarbeitet werden?

01 Anliegen bzw. Problemstellung Dieses Feld bildet die Grundlage für die Bedarfsanalyse. Hier tragen Sie bitte das Anliegen bzw. die Problemstellung Ihres Kunden ein.

02 Zielsetzung Am Anfang jeder Veränderung benötigt es eine klare Zielsetzung. Was möchte Ihr Kunde mit der Veränderung erreichen? Ohne Zielsetzung ist die Bedarfsanalyse vergleichbar mit einer Schiffsbesatzung, die ohne genaues Ziel auf den Weltmeeren orientierungslos unterwegs ist und niemals ihr Ziel erreichen wird. Versuchen Sie die Zielsetzung mit Ihren Kunden gemeinsam spezifisch, messbar, realistisch und terminiert zu gestalten. Darüber hinaus wäre es auch noch perfekt, wenn Ihnen ihr Kunde die Attraktivität einer Lösung für seine Problemstellung nennen könnte.

03 Aktuelle Situation Durch das gezielte Befragen Ihres Kunden hinsichtlich der aktuellen Situation erhalten beide Seiten einen tieferen Einblick in die Ist-Situation. Damit begleiten Sie Ihren Kunden von einem impliziten Bedürfnis hin zu einem expliziten Bedürfnis mit sofortigem Handlungswunsch. Folgende Fragestellungen sollten Sie bei Ihrer reflexiven Beratung ansprechen (Rackham, 1988).

• Fragen zur aktuellen Situation
• Fragen zum Problem, dass aus der aktuellen Situation entsteht
• Fragen zu den Auswirkungen, die sich aus der Problemstellung ergeben

04 Zukünftige Situation Jetzt gilt es, Ihren Kunden gedanklich in seine positive Nutzenzukunft zu begleiten. Auch in diesem Feld stellen Sie wieder reflexive Fragen wie z. B.: „Mal angenommen, uns gelingt es, Ihre Problemstellung zu lösen. Welchen Nutzen sehen darin für Sie persönlich und welchen Nutzen hat Ihre Organisation?"

05 Lösung & Commitment In dem letzten Feld geht es darum, Ihrem Kunden auf Basis der von Ihnen gemeinsam ermittelten Bedürfnisse, Kaufmotive und Zielsetzung eine perfekte Lösung vorzustellen um den Deal abzuschließen.

Auf diese Weise werden Sie zum Designer eines visuellen Dialogs, der für gegenseitiges Verständnis sorgt und den Nutzen für Ihren Kunden deutlich sichtbar macht. Somit gelingt es Ihnen nicht nur, den expliziten Wunsch nach Veränderung bei Ihrem Kunden zu wecken, weil er proaktiv an der Bedarfsanalyse mitgearbeitet hat, sondern Sie legen den Grundstein für das Vertrauen in die Umsetzung. Im nächsten Kapitel möchte ich Ihnen gerne verschiedene Onlinetools für die Zusammenarbeit im virtuellen Verkaufsraum vorstellen.

5.4   Onlinetools für die Zusammenarbeit

Da der Mensch von Natur aus ein Wesen ist, das Informationen stets über mehrere Wege simultan aufnimmt, sollten Sie bei der Zusammenarbeit mit Ihren Kunden im virtuellen Raum stets darauf achten, so viele Sinne wie möglich anzusprechen und sich nicht nur auf ein Sinnesorgan zu beschränken. Denn je mehr Wahrnehmungsfelder im Gehirn gleichzeitig aktiv sind, umso mehr Verbindungen werden bei der visuellen und interaktiven Erarbeitung des „Bedarfsanalyse-Canvas" mit einem digitalen Whiteboard hergestellt. Der Vorteil dabei ist, dass sich Ihre Kunden auch noch zu einem späteren Zeitpunkt leichter an die Ergebnisse der Bedarfsanalyse erinnern können und auf dieser Basis ihre Kaufentscheidung treffen. Es ist empirisch erwiesen, dass die Erinnerungsquote deutlich ansteigt, je mehr Sinne an dem Bedarfsanalyse-Prozess beteiligt sind (Doblhoff & Baumgartner, 2011).

- Nur Hören: 20 %
- Nur Sehen: 30 %
- Sehen und Hören: 50 %
- Sehen, Hören und Diskutieren: 70 %
- Sehen, Hören, Diskutieren und selbst agieren: 90 %

Darüber hinaus hilft uns die Erkenntnis über die Vergessenskurve von Professor Dr. Ebbinghaus, die Erinnerungsquote Ihrer Kunden zu steigern. Die Vergessenskurve zeigt auf, dass man nach 20 min nur noch 60 % eines aufgenommenen Textes abrufen kann. Nach 60 min steigt die Vergessenskurve an, sodass die Abrufmenge bei 45 % liegt und nach 24 h bei 34 %. Nach 6 Tagen kommt die Vergessenskurve auf 23 %. Konstant bleiben nur 15 % der erlernten Texte gespeichert. Die gute Nachricht ist, die Wiedergabefähigkeit unseres Gedächtnisses hängt von der Art, der aufgenommen Inhalte ab. Sehr hilfreich in diesem Zusammenhang ist das sogenannte Mind Mapping, das von dem Kreativitätsforscher Tony Buzan erfunden wurde. Die hier angewandte Notiz- und Merktechnik umfasst die visuelle Sammlung und Strukturierung von Ideen. Dadurch werden beide Gehirnhälften in Form eines Wechselspiels miteinander verbunden. Das hier vorgestellte „Bedarfsanalyse-Canvas" greift auf dieselben Funktionsweisen der Darstellung bzw. Interaktion zurück und kann somit die Erinnerungsquote Ihrer Kunden positiv beeinflussen (Neuronation, 2023). Versuchen Sie also, bei der nächsten Bedarfsanalyse im virtuellen Raum mit dem „Bedarfsanalyse-Canvas" so viele Sinne wie möglich anzusprechen. Sie und Ihre Kunden werden vom gemeinsam erarbeiteten Ergebnis begeistert sein. Die Voraussetzung für den optimalen Einsatz der verschiedenen Onlinetools ist: Alle beherrschen es. Ansonsten bestimmt wie immer das schwächste Glied im Buying Center, welche Tools wirklich gut genutzt werden können. Daher ist es sehr wichtig, dass Sie sich vor dem Einsatz der verschiedenen Onlinetools über den digitalen Reifegrad Ihrer Kunden erkundigen, um Ihr Verkaufsgespräch auf dieser Basis zu planen. Im Folgenden möchte ich Ihnen einen Überblick und die Einsatzbereiche verschiedener Onlinetools geben.

5.4.1 Intuitive Online-Whiteboards für die digitale Zusammenarbeit

Ein Online-Whiteboard ist ein Tool, das es Benutzern ermöglicht, virtuell zu zeichnen, zu schreiben und zu kommunizieren. Es dient als digitale Tafel oder Leinwand, auf der mehrere Personen gleichzeitig arbeiten können, unabhängig von ihrem Standort. Benutzer können online in Echtzeit zusammenarbeiten, Ideen teilen und gemeinsam an Projekten arbeiten (Conceptboard, 2023). Es kann für die Online-Bedarfsanalyse, Workshops, Brainstorming, strategische Planung, Mind Mapping, Projektplanung oder Moodboards genutzt werden (Canva, 2023). Einige Anbieter von Videokonferenz Systemen wie z. B. Zoom bieten bereits integrierte Lösungen an. Darüber hinaus können Sie je nach Zielsetzung und Anspruch auf eine Vielzahl an Plugins mit zusätzlichen Funktionen zurückgreifen, wie etwa Conceptboard, Miro, Lucidspark, Canva, Moqups, ClickUp, Explain Everything oder Ziteboard. Wichtig bei der Auswahl eines Online-Whiteboard ist die Frage, wo Ihr Kunde und Sie sich wohlfühlen. Wenn Sie den Bedarfsanalyse-Prozess als eFacilitator souverän mit einem Online-Whiteboard Ihrer Wahl durchführen möchten, müssen Sie sich intensiv mit den Funktionen und Möglichkeiten beschäftigen. Nur dann, so meine persönliche Erfahrung, können Sie Ihren Kunden ein unvergessliches Einkaufserlebnis mit dem WOW-Faktor bieten. Bei den meisten Whiteboards haben Sie die Möglichkeit, selbst erstellte Grafiken oder PDFs auf der Oberfläche einzubetten. Das hat den Vorteil, dass Sie beim Einsatz eines professionell gestaltetem „Bedarfsanalyse-Canvas" das Vertrauen Ihrer Kunden gewinnen und Sie als vertrauensvoller und kompetenter Partner von Ihren Kunden wahrgenommen werden. Wenn die digitale Reife Ihrer Kunden hoch ist, steht einer interaktiven Bearbeitung der verschiedenen Themenstellungen in einem virtuellen Verkaufsmeeting nichts entgegen. Für den Fall, dass ihre Kunden eher einen niedrigen digitalen Reifegrad haben, empfehle ich Ihnen, die Navigation und Dokumentation selbst zu übernehmen und als eFacilitator die besprochenen Themen direkt für alle sichtbar auf dem Whiteboard zu visualisieren. Nutzen Sie während eines Onlinemeetings darüber hinaus auch die Chatfunktion. Mit dem Chat haben Sie und Ihre Kunden die Möglichkeit, Sofortnachrichten an alle Teilnehmenden zu senden. Sie können je nach Bedarf Dateien,

Links und Screenshots teilen. Oder auch zu Beginn des Onlinemeetings für Orientierung sorgen, indem Sie z. B. die Meeting-Regeln in den Chat einstellen, Ihre Notfall-Mobilfunknummer und E-Mail-Adresse zur Verfügung stellen. Für den Fall, dass Teilnehmende den Ton und/oder die Kamera nicht angeschaltet haben, besteht für beide Seiten die Möglichkeit, über die Chatfunktion zu kommunizieren. Darüber hinaus können Sie sich jederzeit ein Meinungsbild Ihrer Kunden über den Chat einholen. Etwa, indem Sie zu einem bestimmten Thema die Teilnehmenden einladen über den Meeting-Chat Ihre Meinung zu äußern. Das spart Ihnen Zeit und Sie können gezielt auf die Antworten Ihrer Kunden eingehen.

5.4.2 Speichern und Teilen von Informationen

Wenn Sie mit Ihren Kunden bzw. Interessenten an einem längerfristigen Projektgeschäft arbeiten, macht es aus meiner Sicht Sinn, den jeweiligen Projektstatus, Dateien, Video's, Best Practice Beispiele usw. auf einer gemeinsamen Plattform zu organisieren, zu speichern und zu teilen. Hierzu Bieten verschieden Anbieter wie z. B. Dropbox, Microsoft OneDrive, Google Drive, Microsoft SharePoint oder Padlet anwenderfreundliche Lösungen an. Der Vorteil der gemeinsamen Nutzung eines Ablageortes liegt darin, dass Sie zu jeder Zeit erkennen können, wie engagiert Ihre Kunden darin interagieren und Ihre Kunden jederzeit die Möglichkeit haben Fragen zu stellen oder Kommentare hinzuzufügen.

5.4.3 Umfragen zur Unterstützung der Zusammenarbeit

Umfragen im Rahmen virtueller Verkaufsgespräche ist meiner Meinung nach ein viel zu selten genutztes Onlinetool für die Förderung der Zusammenarbeit. Viele Videokonferenzsysteme verfügen bereits serienmäßig über die Möglichkeit, Umfragen zu generieren. Darüber hinaus gibt es auch hier einige Anbieter, die für die Onlineumfrage professionelle Plattformen zur Verfügung stellen wie z. B. Mentimeter. Sie können mithilfe der Umfragefunktion in Ihren Verkaufsprozess eine oder mehrere Echtzeitabfragen integrieren. Stellen Sie sich bitte vor, Sie haben mit dem „Bedarfsanalyse-Canvas" die Bedarfe gesammelt und möchten diese im nächsten Schritt von Ihrem Kunden priorisieren lassen. Sie könnten die Priorisierung mit folgender Fragestellung einleiten: „Ich habe gerade eine Umfrage zur Priorisierung Ihrer Bedürfnisse erstellt. Bitte priorisieren Sie die fünf Bedürfnisbereiche so, dass Sie zur Zielerreichung optimal beitragen." Falls das Ergebnis der Echtzeitumfrage sehr unterschiedlich ausfällt, haben Sie jetzt die Möglichkeit, die Bedürfnisbereiche mit Ihren Kunden zu diskutieren und schaffen somit die Grundlage für ein gemeinsames Verständnis.

Technik und Setting

6

Die Grundlage für virtuelle Verkaufsgespräche ist eine gängige Videokonferenz-Software wie etwa Microsoft Teams, Zoom, Zoom X One, Cisco WebEx, GoTo Meeting, Google Meet, um nur einige zu nennen. In der täglichen Vertriebspraxis ist es aus meiner Sicht sehr wichtig, dass Sie in der professionellen Bedienung, der vorzugsweise bei Ihren Kunden eingesetzten Meeting Tools, fit sind, um die Einstiegsschwelle für ein virtuelles Verkaufsgespräch bei Ihren Kunden so niedrig wie möglich zu gestalten. Es ist wie bei der Einladung zum persönlichen Gespräch bei Ihren Kunden: In diesem Fall gehen Sie ja auch zum Kunden und nur in Ausnahmefällen kommt der Kunde zu Ihnen. Auch online soll das Gespräch in einer für den Kunden bekannten Umgebung stattfinden, in der die Grundfunktionen allen bekannt sind und wo sich Ihre Kunden von Anfang an sicher und wohl fühlen. Der Garant für eine störungsfreie Videokonferenz ist einerseits ein leistungsstarkes Notebook mit einem Prozessor mit vier oder mehr Kernen, um eine optimale Bildfrequenz bei der Bildschirmfreigabe sicherzustellen (ZOOM, 2022). Außerdem benötigen Sie selbstverständlich eine schnelle und störungsfreie Internetverbindung, um die stabile Video- und Audiosignalübertragung zu gewährleisten. Jede Videokonferenz-Software hat unterschiedliche Anforderungen an die Bandbreite die u. a. auch von der Teilnehmeranzahl abhängt. Die technischen Voraussetzungen der verschiedenen Anbieter finden Sie auf deren Internetseiten. Die beste Übertragungsgeschwindigkeit und Bandbreite von bis zu 1000 Mbit/s bieten aktuell moderne High Speed Netze mit Glasfaseranschluss (Telekom, 2023). Eine einfache Möglichkeit, um die Stabilität Ihrer Video- und Audioübertragung zu prüfen, ist ein kurzes Videogespräch mit Kollegen, die Ihnen direkt ein Feedback über die Qualität Ihrer Internetverbindung

geben können. So wie der weltbekannte Regisseur Steven Spielberg seine Film-
szenen in einem perfekten Setting dreht und seine Zuschauer dadurch in Atem
hält, so haben Sie die Aufgabe als eFacilitator, ein professionelles Videosetting
für Ihre virtuellen Verkaufsgespräche aufzubauen, um damit das Engagement und
die Aufmerksamkeit Ihrer Kunden auf ein hohes Level zu bringen und zu halten. Es gibt sieben strategische Elemente bei der Auswahl der Technik und der
Planung des Settings, die sich deutlich von einem persönlichen Verkaufsgespräch
unterscheiden und somit erfolgsrelevant sind:

1. Online-Arbeitsplatz
2. Video
3. Stream Deck
4. Audio
5. Beleuchtung
6. Hintergrund
7. Sie

6.1   Online-Arbeitsplatz

Ein schöner und perfekt organisierter Online-Arbeitsplatz ist nicht nur ein
Aushängeschild, sondern Grundlage Ihrer professionellen Arbeit als e-Facilitator.
Ein wichtiger Bestandteil für die Online-Vertriebsarbeit ist meiner Meinung nach
ein elektrisch höhenverstellbarer Schreibtisch und eine ergonomische Sitzlösung
in Form einer Sitz-Stehhilfe. Durch die aufrechte, Ihrem Kunden zugewandte
Haltung wirken Sie souverän und können auf einem hohen Energielevel proaktiv kommunizieren. Außerdem sollte Ihr Schreibtisch ausreichend Platz für die
Online-Technik bereitstellen und darüber hinaus die Möglichkeit weitere Materialien, Unterlagen und Schreibzeug für das Kundengespräch parat zu haben.
Für den erfolgreichen Verlauf eines virtuellen Verkaufsgespräches ist es darüber
hinaus wichtig, dass Sie einen ruhigen Arbeitsplatz haben, sodass Sie sich zu ein-
hundert Prozent auf das Gespräch und Ihren Kunden konzentrieren können. Wenn
Sie von zuhause arbeiten, dann versuchen Sie bitte alle möglichen Störquellen
wie z. B. Haustiere, Türklingel, Rasenmäher oder andere Geräusche, die zufällig
entstehen können, auf ein Minimum zu reduzieren. Ich persönlich hänge z. B. ein
Schild mit der Aufschrift „On Air" an meine Bürotür und alle Kollegen wissen,
dass ich gerade in einem Gespräch bin und nicht gestört werden möchte. Achten
Sie bitte auch auf das Thema Raumakustik. Es gibt nichts Schlimmeres, als wenn

jedes Wort, dass Sie sagen als Echo bei Ihrem Kunden ankommt. Wenn Sie die Akustik in Ihrem Büro verbessern möchten, gibt es verschiedene Möglichkeiten. Entweder Sie legen einen Teppich in Ihr Büro. Montieren Akustikpaneele an Wände oder Decken. Gute Dämmeigenschaften haben auch Lärmschutzvorhänge aus Bühnenmolton.

In der Abb. 6.1 sehen Sie einen optimal eingerichteten Online-Arbeitsplatz. Worauf es bei dem hier gezeigten professionellen Videosetting ankommt, erfahren Sie in den nächsten Kapiteln.

6.2 Video

Die meisten Notebooks haben heute bereits gute Kamerasysteme verbaut. Allerdings empfehle ich Ihnen, dennoch in eine externe Full-HD Webcam zu investieren – dadurch können Ihre Kunden Sie in einer ausgesprochen scharfen und detaillierten Videoqualität sehen. Die Webcam können Sie entweder wie in Abb. 6.1 gezeigt, auf den Zusatzmonitor klemmen oder direkt auf Ihr Notebook. Wichtig dabei ist es, dass Sie die Kamera auf Augenhöhe positionieren, um den Blickkontakt zu Ihrem Kunden, wie in einem persönlichen Verkaufsgespräch aufzubauen und halten zu können. Für den Fall, dass Sie die in Ihrem Notebook eingebaute Kamera verwenden, sollten Sie auch hier darauf achten, diese auf Augenhöhe auszurichten. Dazu können Sie das Notebook auf Bücherstapel stellen oder in einen Notebookständer investieren. In Abb. 6.2 sehen Sie die perfekte Positionierung des Verkäufers im Bildschirm. Wichtig dabei ist, dass Ihr Kunde Sie bis zur Gürtellinie sieht und Ihr Kopf circa zehn Prozent unter der Bildschirmoberkannte symmetrisch ausgerichtet ist. Dadurch haben Ihre Teilnehmenden im virtuellen Verkaufsgespräch die Möglichkeit, Ihre Körpersprache optimal zu lesen. Das wiederum hilft Ihnen, bei Ihren Kunden rasch Vertrauen aufzubauen und Souveränität auszustrahlen.

6.3 Stream Deck

Als ich in der Coronapandemie gezwungen war, persönliche Kundengespräche auf den virtuellen Verkaufsraum zu verlagern, hatte ich zu Beginn einige Schwierigkeiten die verschiedenen Quellen wie z. B. Homepage, PDF-Broschüren, Videos interaktiv in mein Verkaufsgespräch einfließen zu lassen. Ich weiß noch zu gut, wie ich damals oftmals Videokonferenzen versehentlich durch das Betätigen der falschen Tasten, Reiter oder Tabs im Browser beendet habe. Das

Abb. 6.1 Setting virtuelles Studio

alles passiert mir heute nicht mehr, seit ich für die verschiedenen Arbeitsschritte im virtuellen Verkaufsgespräch ein Stream Deck angeschafft habe. Mit einem Stream Deck können Sie sämtliche Szenen, Tools, Homepages, Audioquellen oder PDF-Dateien auf Knopfdruck abrufen und in Ihr virtuelles Verkaufsgespräch mit Leichtigkeit integrieren und sich dadurch voll und ganz auf Ihre Kunden konzentrieren (Elgato, 2023).

Abb. 6.2 Visuelles Rahmenwerk

6.4   Audio

Im virtuellen Verkaufsraum wird unsere Sprache einzig und allein über ein Mikrofon übertragen. Das kann das eingebaute Mikrofon am Notebook, in der externen Webcam oder am Headset sein. Der Nachteil dabei ist oftmals eine suboptimale Audioübertragung. Um meinen Kunden in virtuellen Verkaufsgesprächen das perfekte Sounderlebnis zu bieten, setze ich seit einiger Zeit ein externes USB-Mikrofon in Studioqualität ein was wiederum den Vorteil hat, dass ich von meinen Kunden optimal verstanden werde, meine Stimme natürlich übertragen wird und ich dadurch, wie ein Profi klinge (Rode, 2023). Aus welchem Grund sollten auch Sie in die Audioqualität Ihrer virtuellen Verkaufsgespräche investieren? Ganz einfach, wenn die Audioübertragung aus vermeidbaren Gründen wie etwa einem minderwertigen Mikrofon, einer instabilen Audioübertragung, schlechter Internetverbindung oder störenden Umgebungsgeräuschen nicht richtig funktioniert, kann keine professionelle Kommunikation stattfinden und Ihre Kunden könnten Sie möglicherweise die Geschäftsbeziehung infrage stellen.

6.5   Beleuchtung

In Abb. 6.1 können Sie über den Schreibtisch durch ein Fenster ins Freie schauen. Darüber hinaus sehen Sie oberhalb des zweiten Bildschirmes eine sogenannte Ringleuchte. Die optimale Position des Schreibtisches im Raum habe ich so gewählt, dass das Tageslicht von vorne kommt. Ebenso strahlt das Ringlicht den Verkäufer von vorne an. Wenn Sie mit dem Rücken zum Fenster stehen oder das Fenster seitlich von Ihrem Schreibtisch angeordnet ist, entstehen hingegen Schatten, die es deutlich schwerer machen, Ihre Körpersprache, Mimik und Gestik im Bildschirmausschnitt zu lesen. Das wiederum führt zu einer kognitiven Überbelastung, sinkender Aufmerksamkeit und Vertrauenswürdigkeit. Sie können ganz einfach Abhilfe schaffen, indem Sie Ihren Schreibtisch so positionieren, dass Ihr Gesicht dem Fenster zugewandt ist. Sollten sich noch weitere Fenster oder Lichtquellen in Ihrem Büro befinden, regulieren Sie die Lichteinstrahlung mit Rollos oder anderweitigen Verdunklungsmaßnahmen. Wenn Sie sich zusätzlich für eine professionelle Lichtquelle entscheiden sollten, so positionieren Sie diese direkt hinter dem zweiten Bildschirm auf Augenhöhe.

6.6   Hintergrund

Alles, was hinter Ihnen im Bildausschnitt zu sehen ist, beschreibt den Hintergrund. Es gibt heute viele Möglichkeiten, um den Hintergrund wirkungsvoll zu gestalten. Die kognitive Neurowissenschaftlerin Dr. Carmen Simon hat folgende Fragestellung erforscht: Sind Zoom-Hintergründe bei Verkaufspräsentationen hilfreich oder hinderlich? Wie wirkt sich die Wahl des Hintergrundes auf die Aufmerksamkeit der Zuhörenden und die Erinnerung an die Inhalte aus? Insgesamt deuten die Ergebnisse dieser Studie darauf hin, dass Ihre Kunden weniger aufmerksam sind, wenn Sie bei virtuellen Verkaufsgesprächen einen unechten Hintergrund verwenden. Und da die Aufmerksamkeit den Weg zur Erinnerung ebnet, werden sich Ihre Kunden auch weniger an wichtige Informationen erinnern. Auf der anderen Seite führte in dem Versuch ein weichgezeichneter Hintergrund zu konzentrierter Aufmerksamkeit. Der Unschärfeeffekt scheint den Betrachter nicht misstrauisch zu machen, wie manche vielleicht glauben könnten. Darüber hinaus kann laut der Studie ein realer Hintergrund, wenn Ihre Kunden über das Thema im virtuellen Verkaufsgespräch Bescheid wissen, ebenfalls zu stärkeren Erinnerungen führen (Simon, 2023). Wenn ein benutzerdefinierter virtueller Hintergrund nicht verfügbar ist oder nicht Ihren Anforderungen entspricht, Sie aber dennoch etwas Privatsphäre in Bezug auf

Ihre Umgebung wahren möchten, kann die Option „Hintergrund weichzeichnen"
eine gute Alternative sein. Mit dieser Option wird der Hintergrund Ihres Videos
verschwommen angezeigt, sodass nicht klar zu erkennen ist, wer oder was sich
hinter Ihnen befindet (ZOOM, 2022). Als Alternative können Sie sich eine Tex-
tilspannwand z. B. in Sichtbetonoptik mit Ihren Firmenlogo bedrucken lassen und
als realen Hintergrund hinter Ihrem Schreibtisch aufstellen. Wichtig dabei ist die
Einfachheit der Grafik, um die Aufmerksamkeit Ihrer Kunden nicht auf das Bild,
sondern auf Sie zu lenken. Der Vorteil von einem realen Hintergrund im Vergleich zu einem digitalen Hintergrund ist die Konturenschärfe. Wenn Sie einen
virtuellen Hintergrund einsetzen, kann es aufgrund von unzureichender Beleuchtung oder langsamer Internetverbindung dazu führen, dass Körperteile teilweise
unscharf oder gar nicht sichtbar sind.

6.7   Sie

Um im virtuellen Verkaufsgespräch vor der Kamera professionell zu wirken, gibt
es einige Punkte, auf die Sie achten können.

- Kleiden Sie sich dem Anlass entsprechend wie im persönlichen Kundenkon-
  takt
- Achten Sie auf einen guten Kontrast von Hintergrund und Kleidung
- Bevorzugen Sie Unifarben anstatt Pepita, Glencheck, kleine Karos und
  schmale Fischgrate
- Nutzen Sie gerne CI-konforme Kleidungsstücke wie Hemden und Blusen
- Verwenden Sie ein transparentes Gesichtspuder zum Mattieren stark glänzen-
  der Bereiche
- Schmuck sollten Sie dezent einsetzen

Einflussnahme 7

Der letzte Erfolgsfaktor in der „Roadmap für virtuelles Verkaufen im B2B" ist die Einflussnahme. Verkaufen auf den Punkt gebracht ist nichts anderes als ein Veränderungsprozess vom Ist zum Soll. Wenn Sie bewusst und aktiv auf Ihre Kunden im positiven Sinne Einfluss ausüben, dann erreichen Sie die Veränderung von Einstellungen, die Korrektur von Überzeugungen und Glaubenssätzen, unterstützen Ihren Kunden im Veränderungsprozess und bei der Entscheidungsfindung. Das bewusste Ausüben von Einfluss setzt notwendigerweise eine persönliche Beziehung zwischen Ihnen und Ihrem Kunden voraus. Die Grundlage gelungener Einflussnahme ist oft das persönliche Charisma des Verkäufers oder Abhängigkeiten der Kunden (Wikipedia, Einfluss, 2021). Die Einflussnahme wird gerne auch mit Manipulation in Beziehung gesetzt. Manipulation stammt aus dem Lateinischen und setzt sich aus den Wörtern „manus"– „Hand" und „plere" – „füllen" zusammen. Wörtlich übersetzt bedeutet Manipulation also eine Handvoll (haben), etwas in der Hand haben, im übertragenen Sinne ist damit der Handgriff bzw. Kunstgriff gemeint. In der Psychologie, Soziologie und Politik und bedeutet Manipulation die gezielte und verdeckte Einflussnahme (Wikipedia, Manipulation, 2023). Und sei letzteres nur der Umstand, dass Sie als Verkäufer Ihren Kunden gegenüber freundlich auftreten, oder sie versuchen, Ihre Kunden von Ihrer Problemlösung zu überzeugen. Ganze Berufszweige manipulieren auf die eine oder andere Weise: Politiker, Juristen, Psychologen und so manche andere. Außerdem ist es im Umgang mit Kunden normal, einen tragfähigen Rapport zu Ihrem Ansprechpartner herzustellen, ihm also im gemeinsamen Kontakt ein gutes Gefühl zu vermitteln. Ein weiterer Aspekt, der hinsichtlich Manipulation grundsätzlich vernachlässigt wird, ist der Anteil, den der Beeinflusste an der

H. Trenkel, *Virtuelle Verkaufsgespräche professionell planen und durchführen*, essentials, https://doi.org/10.1007/978-3-658-43144-0_7

Lösungsfindung für seine Problemstellung hat. Die Bereitschaft Ihres Gegenübers, sich auf diese Art von „Manipulationsversuchen" auch einzulassen, ist unerlässlich für den Erfolg: Sie können als Verkäufer keinen Kunden dazu „zwingen", Sie als Person sympathisch zu finden, oder bestimmten Argumenten zu folgen. Die Entscheidung in solchen Fragen liegt in letzter Instanz immer beim Kunden selbst (Güthler, 2017). Ich persönlich übersetze das Wort Manipulation folgendermaßen: „Ich reiche meinem Kunden die Hand, um ihn erfolgreich zu machen." Lassen Sie uns nun schauen, wie Sie mit den fünf Mechanismen der Einflussnahme Ihre Kunden und sich selbst im virtuellen Verkaufsgespräch erfolgreich machen können:

1. Überzeugen und motivieren Sie Ihren Kunden mit einem perfekt geplanten und souverän durchgeführten virtuellen Verkaufsgespräch auf Basis der hier im essential vorgestellten „Roadmap für virtuelles Verkaufen im B2B". Dadurch demonstrieren Sie Ihrem Kunden gegenüber, dass Sie ein wirkliches Interesse an seinem Erfolg haben.
2. Stellen Sie Ihren Kunden Brancheninformationen zur Verfügung. Nehmen Sie die zusätzliche Rolle als Information Broker an und integrieren Sie Insides in Ihr virtuelles Verkaufsgespräch. Das hilft Ihnen, eine stabile Vertrauensbasis bei Ihren Kunden aufzubauen. Dadurch werden Sie als Branchenkenner wahrgenommen, der die Bedürfnisse seiner Kunden kennt und generieren dadurch für Ihren Kunden einen unschätzbaren Mehrwert.
3. Bauen Sie Ihre eigene Reputation als vertrauensvoller Verkäufer und Ratgeber aus, in dem Sie die Erwartungen Ihrer Kunden an ihre Rolle als eFacilitator, mit der Verantwortung den Verkaufsprozess, die Interaktion und den Dialog zwischen Ihnen und dem Kunden professionell zu steuern, übertreffen.
4. Bereiten Sie sich mental z. B. durch die Visualisierung des anstehenden virtuellen Verkaufsgespräches vor und nehmen Sie einen positiven und ressourcenvollen Zustand ein, um Ihre Kunden souverän und selbstbewusst durch den virtuellen Verkaufs- und Dialogprozess zu führen.
5. Begeistern Sie Ihre Kunden und helfen Sie ihnen, die für sie richtige Kaufentscheidung zu treffen.

Schluss

8

Liebe Leserin, lieber Leser, Sie sind jetzt am Ende dieses *essentials* angekommen. Ich wünsche Ihnen viel Erfolg bei der Umsetzung der „Roadmap für virtuelles Verkaufen im B2B" und freue mich auf den Dialog mit Ihnen und vor allem auf Ihre Best Practice Beispiele. Bitte schreiben Sie mir, ich bin sehr gespannt auf Ihr Feedback. Sie erreichen mich unter folgender E-Mail-Adresse: ht@henriktrenkel.de.

Ihr Henrik Trenkel

> „Es ist nicht genug zu wissen, man muss auch anwenden; es ist nicht genug zu wollen; man muss auch tun." Johann Wolfgang von Goethe (Behn, 2023)

H. Trenkel, *Virtuelle Verkaufsgespräche professionell planen und durchführen*, essentials, https://doi.org/10.1007/978-3-658-43144-0_8

Was Sie aus diesem *essential* mitnehmen können

- Praktischer Leitfaden zur Einführung und Umsetzung des virtuellen Verkaufs- bzw. Beratungsgespräches über Onlinemeeting-Tools in Ihre tägliche Vertriebsarbeit
- Sinnvolle Hilfestellung, um die Erfolgsfaktoren zentraler Verkaufskompetenzen im virtuellen Verkaufsprozess zu beleuchten und Sie beim Übergang in die virtuelle Vertriebswelt zu begleiten
- Die neue Rolle des Verkäufers in der virtuellen Vertriebspraxis
- Wie Sie sich von Ihren Marktbegleitern differenzieren und dadurch den Unterschied machen
- Das Wissen über die sechs Erfolgsfaktoren, um in virtuellen Verkaufsgesprächen Ihre Kunden zu begeistern

© Der/die Herausgeber bzw. der/die Autor(en), exklusiv lizenziert an Springer Fachmedien Wiesbaden GmbH, ein Teil von Springer Nature 2023
H. Trenkel, *Virtuelle Verkaufsgespräche professionell planen und durchführen*, essentials, https://doi.org/10.1007/978-3-658-43144-0

Literatur

Bäsler, B. (2010). https://prezentation.ch/2010/08/brain-rule-4-das-zehn-minuten-modell-von-john-medina/. Zugegriffen: 7. Aug. 2023.

Behn, M. (2023). https://www.blueprints.de/zitate/wort-und-tat/goethe-ueber-das-tun.html#:~:text=%E2%80%9EEs%20ist%20nicht%20genug%20zu,%E2%80%9C. Zugegriffen: 4. Juli 2023.

Bertagnolli, F., Bohn, S., & Waible, F. (2018). Change Canvas. Strukturierter visueller Ansatz für Change Management in einem agilen Umfeld. *(essential)*. Springer Gabler ist ein Imprint der eingetragenen Gesellschaft Springer Fachmedien Wiesbaden GmbH und ist Teil von Springer Nature.

Besser-Siegmund, C., Siegmund, H., Siegmund, L., & Landgraf, M. (2021). *Praxisbuch Online-Coaching. Verbindung herstellen mit NeuroRessourcen*. Junfermann Verlag.

Bolten, G. (2011). https://www.planet-wissen.de/gesellschaft/psychologie/lachen/index.html. Zugegriffen: 19. Juni 2023.

Brandt, S. (2023). https://www.stefanbrandt.de/vertrauen-des-teams-gewinnen/#:~:text=Lachen%20Sie%20%C3%BCber%20sich%20selbst.,-Humor%20ist%20ein&text=F%C3%BChrungskr%C3%A4fte%2C%20die%20humorvoll%20sind%2C%20und,gegenseitig%20besser%20kennen%20zu%20lernen. Zugegriffen: 19. Juni 2023.

Canva. (2023). https://www.canva.com/de_de/online-whiteboard/. Zugegriffen: 4. Juli 2023.

Cao, H. (2020). Standford university. Large scale analysis of multitasking behavior during remote meetings (PDF). https://www.microsoft.com/en-us/research/uploads/prod/2021/01/CHI2021_RemoteMeetingMultitask_CameraReady-2.pdf?ref=fom-magazin.de. Zugegriffen: 22. Aug. 2023.

Conceptboard. (2023). https://conceptboard.com/de/education-campaign/?utm_campaign=defense_dach&utm_source=google&utm_medium=paid&utm_content=text&gad=1&gclid=CjwKCAjw-vmkBhBMEiwAlrMeF6eJUgYDX3rNwz0ga8lHNZnXhPxYik_7OrsDQW3WOwLfTg3XjX6bdxoCIY0QAvD_BwE. Zugegriffen: 1. Juli 2023.

Dannemeyer, P. R. (2016). NLP Practitioner Lehrbuch. Potentiale entfalten mit Neurolinguistischen Programmieren. Junfermann Druck&Service.

Dinius, V. (2010). https://blog.karlshochschule.de/2010/04/24/psychological-ownership/. Zugegriffen: 1. Juli 2023.

Doblhoff, Phillipp, Baumgartner, Timo (2011). https://online-sprachen-lernen.com/die-verschiedenen-lerntypen/. Zugegriffen: 07.08.2023

Eckermann, M. (2021). https://www.managementcircle.de/blog/basisemotionen-erkennen. html#:~:text=Paul%20Ekman%2C%20US%2Damerikanischer%20Anthropologe,% 2C%20Ekel%2C%20Trauer%20und%20Verachtung. Zugegriffen: 18. Juni 2023.

Eilert, D. (2021). https://eilert-akademie.com/blog/die-mehrabian-regel/. Zugegriffen: 15.06.2023

Elgato. (2023). https://www.elgato.com/fr/de/p/stream-deck-mk2-black. Zugegriffen: 5. Juli 2023.

Engel, A. (2008). https://www.wirtschaftswissen.de/unternehmensfuehrung/korrespondenz/ rhetorik/hand-gesten-verstehen-wie-sie-die-grundlagen-der-koerpersprache-deuten/. Zugegriffen: 20. Juni 2023.

Englischzitate.de. (2023). https://www.englischezitate.de/zitat/coco-chanel/143733/. Zugegriffen: 13. Juni 2023.

Epple, D. (2017). https://www.baber-consulting.de/ausgefuchtelt-so-halten-sie-im-vortrag-ihre-haende-immer-goldrichtig-3-rhetorik-tipps-und-1-bilderstrecke. Zugegriffen: 22. Juni 2023.

Fischer, G. H. (1981). *Verkaufsprozesse mit Interaktion. Vom Monolog zum Dialog.* Deutscher Betriebswirte-Verlag GmbH.

Gramatke, C. (2023). https://nlp-zentrum-berlin.de/infothek/nlp-glossar/downwards-inflec tion. Zugegriffen: 21. Juni 2023.

Güthler, R. (2017). https://www.landsiedel-seminare.de/nlp-seiten/nlp-und-manipulation. html. Zugegriffen: 6. Juli 2023.

Häusel, H.-G. (2015). Top Seller. Was Spitzenverkäufer von der Hirnforschung lernen können. (1. Aufl.). Haufe-Lexware GmbH & Co. KG.

Hofer, L., & Dausch, M. (2022). https://www.fom-magazin.de/multitasking_in_meetings/. Zugegriffen: 28. Juni 2023.

Hohmann, M. (2021). Hybrid Selling: Mehr Vertriebsproduktivität durch synchronisierte Vor-Ort-und Online-Besuche. https://smd.rub.de/hybrid-selling-blog/. Zugegriffen: 22. Aug. 2023.

Horkava, J., & Latzelsberger, B. (2016). http://www.sinnesbehindert.at/wp_4_6/wp-content/ uploads/Eine-Welt-der-Ber%C3%BChrung_ARTIKEL.pdf. Zugegriffen: 6. Juli 2023.

Kammermeier, M. (2020). https://karrierewelt.golem.de/blogs/karriere-ratgeber/vir tuelle-zusammenarbeit-wie-online-meetings-nicht-zur-zeitverschwendung-werden. Zugegriffen: 18. Juni 2023.

Kindl-Beilfuß, C. (2019). Fragen können wie Küsse schmecken. Systemische Fragetechniken für Anfänger und Fortgeschrittene. (Neunte Auflage 2019). Carl-Auer-Systeme Verlag und Verlagsbuchhandlung GmbH.

Knecht, J. (2020). Ringelmann-Effekt: Das versteht man darunter. https://praxistipps.focus. de/ringelmann-effekt-das-versteht-man-darunter_125168. Zugegriffen: 22. Aug. 2023.

Krämer, T. (2011). https://www.dasgehirn.info/handeln/mimik-koerpersprache/ich-sehe-was-du-fuehlst. Zugegriffen: 18. Juni 2023.

Krieger, N. (2018). https://www.youtube.com/watch?v=8gh0Xz_uUI0. Zugegriffen: 22. Juni 2023.

Kunze, K. (2022). Vertrauen in virtuellen Teams. Schnell verbunden. managerSeminare. Das Weiterbildungsmagazin. Heft 291, Juni 2022. managerSeminare Verlags GmbH.

LEO, rapport. (2023). https://dict.leo.org/englisch-deutsch/rapport. Zugegriffen: 18. Juni 2023.

Luerweg, F. (2021). https://www.spektrum.de/news/sympathie-warum-ist-uns-jemand-sym pathisch/1828228. Zugegriffen: 18. Juni 2023.

Mai, J. (2023). https://karrierebibel.de/endowment-effekt/. Zugegriffen: 1. Juli 2023.

Mayerhofer, L. (2021). Online vs. offline: Was wünschen sich Kunden? https://maklerview. de/online-offline-kunden/. Zugegriffen: 22. Aug. 2023.

Medina, J. (2009). Gehirn und Erfolg. 12 Regeln für Schule, Beruf und Alltag. Spektrum Akademischer Verlag Heidelberg. Spektrum Akademischer Verlag ist ein Imprint von Springer.

Meinel, S. (2023). https://www.brunnen-gemeinschaft.de/berichte/vom-verlust-des-soz ialen-schmiermittels/. Zugegriffen: 7. Aug. 2023.

Michalkiewicz, M. (2015). https://de.in-mind.org/article/wie-heuristiken-uns-helfen-entsch eidungen-zu-treffen#:~:text=Das%20Wort%20Heuristik%20stammt%20vom,treffen% 20und%20UrUrtei%20zu%20f%C3%A4llen. Zugegriffen: 20. Juni 2023.

Neuronation. (2023). https://blog.neuronation.com/de/die-vergessenskurve-nach-dr-ebbing haus/. Zugegriffen: 2. Juli 2023.

Possel, H. (2023). https://1000-zitate.de/autor/Samy+Molcho/. Zugegriffen: 15. Juni 2023.

Rackham, N. (1988). SPIN Selling. The best-validated sales Method available today. Deve loped from research studies of 35.000 sales calls. Used by the top sales force across the world. McGraw-Hill Book, Inc. Printed in the United States of America.

Radomski, M. (2020). https://www.optiker-straubing.de/20_1_3-Fakten-zu-Ihren-Augen#: ~:text=Das%20Auge%20ist%20unser%20wichtigstes,Eindr%C3%BCcke%2C%20als% 20jedes%20andere%20Sinnesorgan. Zugegriffen: 22. Juni 2023.

Redaktion Redenwelt. (2023). https://www.redenwelt.de/rede-tipps/koerpersprache-bed eutung/#:~:text=Wieso%20Sie%20im%20Stehen%20sprechen%20sollten&text=Das% 20Blut%20kann%20besser%20zirkulieren,Sie%20etwas%20zu%20sagen%20haben. Zugegriffen: 19. Juni 2023.

Rode. (2023). https://rode.com/de/microphones/usb/nt-usb. Zugegriffen: 5. Juli 2023.

Rosenberg, M. B. (2013). Gewaltfreie Kommunikation. Eine Sprache des Lebens (11. Aufl.). Junfermann Verlag.

Sandhaus, S. (2023). https://blog.hubspot.de/sales/koerpersprache-deuten. Zugegriffen: 20. Juni 2023.

Sämann, T. (2023). https://timosaemann.de/speaker/. Zugegriffen: 21. Juni 2023.

Schwenkenbecher, J. (2021). https://www.spektrum.de/news/die-stimme-wie-sie-wirkt-und-was-sie-ueber-uns-verract/1912996#:~:text=Beide%20Pers%C3%B6nlichkeitsdim ensionen%20sind%20st%C3%A4rker%20ausgepr%C3%A4gt,Stimme%20werden% 20als%20vertrauensw%C3%BCrdiger%20wahrgenommen. Zugegriffen: 21. Juni 2023.

Seifer, J. W. (2018). https://moderation.com/moderation-facilitation-zwei-ungleiche-bru eder/. Zugegriffen: 5. Aug. 2023.

Simon, C. (2023a). https://b2bdecisionlabs.com/research-center/report-the-neuroscience-of-credibility/. Zugegriffen: 7. Aug. 2023.

Simon, C. (2023b). https://b2bdecisionlabs.com/research-center/research-brief-animation-annotation/. Zugegriffen: 7. Aug. 2023.

Simon, C. (2023c). https://b2bdecisionlabs.com/research-center/research-brief-does-a-pic ture-make-business-content-more-memorable/. Zugegriffen: 7. Aug. 2023.

Simon, C. (2023d). https://b2bdecisionlabs.com/research-center/research-brief-do-zoom-bac kgrounds-help-or-hinder-sales-presentations/. Zugegriffen: 7. Aug. 2023.

Stangl, W. (2023). https://lexikon.stangl.eu/23062/negativity-bias-negativitaetsbias. Zugegriffen: 7. Aug. 2023.

Telekom. (2023). https://www.telekom.de/netz/breitbandausbau-deutschland?ActiveTabID= nicht-festnetzkunde&wt_mc=sk_fnmzbbxx_14_fn-dp_19723151512_153107699704_ 658465470208_&wt_cc7=p_breitband%20telekot&gclid=CjwKCAjwqZSlBhBwEiwAf oZUIEHdVhxJPjQLZ6LDN42FyCKKNj4gT2ibRtc_0AlCnrIYaF66hVuZmBoC0VQQ AvD_BwE. Zugegriffen: 5. Juli. 2023.

Thiemann, D., & Skazel, R. (2022). Top-Verkäufer-Die Kompetenzen der Besten. Der strategische Entwicklungsplan zum High-Performer. Springer Gabler.

Wallace, H. Q. (2020). https://www.hqnotes.com/the-five-ps-proper-preparation-prevents-poor-performance/#:~:text=The%20Five%20P's%3A%20%E2%80%9CProper%20Prep araPrep%20Prevents%20Poor%20Performance.%E2%80%9D,Baker%2C%20former% 22Secretary%20of%20State. Zugegriffen: 5. Aug. 2023.

Watzlawick, P. (2011). Menschliche Kommunikation. Formen Störungen Paradoxien. (12., unveränderte Aufl.). Huber, Hogrefe AG, Bern.

Wikipedia, Albert Mehrabian. (2023). https://de.wikipedia.org/wiki/Albert_Mehrabian. Zugegriffen: 22. Aug. 2023.

Wikipedia, Axiom. (2023). https://de.wikipedia.org/wiki/Axiom. Zugegriffen: 15. Juni 2023.

Wikipedia, Blickkontakt. (2023). https://de.wikipedia.org/wiki/Blickkontakt. Zugegriffen: 22. Juni 2023.

Wikipedia, Einfluss. (2021). https://de.wikipedia.org/wiki/Einfluss. Zugegriffen: 6. Juli 2023.

Wikipedia, Gestik. (2023). https://de.wikipedia.org/wiki/Gestik. Zugegriffen: 19. Juni 2023.

Wikipedia, Halo-Effekt. (2023). https://de.wikipedia.org/wiki/Halo-Effekt. Zugegriffen:15. Juni 2023.

Wikipedia, Manipulation. (2023). https://de.wikipedia.org/wiki/Manipulation#:~:text=Als% 20Manipulation%20von%20Menschen%20wird,Nachteil%20f%C3%BCr%20diese% 20f%C3%BChren%20kann. Zugegriffen: 6. Juli 2023.

Wikipedia, Rapport. (2020). https://de.wikipedia.org/wiki/Rapport. Zugegriffen: 7. Aug. 2023.

Zitate.eu. (2023). https://www.zitate.eu/autor/henry-ford-zitate/28421. Zugegriffen: 22. Apr. 2023.

Zoom. (2022a). https://support.zoom.us/hc/de/articles/201362023-Zoom-Systemanforderu ngen-Windows-macOS-Linux. Zugegriffen: 7. Aug. 2023.

Zoom. (2022b). https://support.zoom.us/hc/de/articles/360061468611-Verwenden-eines-wei chgezeichneten-Hintergrunds. Zugegriffen: 5. Juli 2023.

Printed in the United States
by Baker & Taylor Publisher Services